马克思主义简明读本

共同富裕理论

丛书主编：韩喜平

本书著者：杨　威

编　委　会：韩喜平　邵彦敏　吴宏政
　　　　　　王为全　罗克全　张中国
　　　　　　王　颖　石　英　里光年

吉林出版集团股份有限公司

图书在版编目（CIP）数据

共同富裕理论 / 杨威著. -- 长春:吉林出版集团股份有限公司，2014.4
（2021.2重印）
（马克思主义简明读本）

ISBN 978-7-5534-2624-2

Ⅰ.①共… Ⅱ.①杨… Ⅲ.①共同富裕—理论研究Ⅳ.①F124.7

中国版本图书馆CIP数据核字（2013）第174230号

共同富裕理论
GONGTONG FUYU LILUN

丛书主编：韩喜平
本书著者：杨　威
项目策划：周海英　耿　宏
项目负责：周海英　耿　宏　宫志伟
责任编辑：矫黎晗
出　　版：吉林出版集团股份有限公司
发　　行：吉林出版集团社科图书有限公司
电　　话：0431-81629720
印　　刷：永清县晔盛亚胶印有限公司
开　　本：710mm×960mm　1/16
字　　数：100千字
印　　张：12
版　　次：2014年4月第1版
印　　次：2021年2月第4次印刷
书　　号：ISBN 978-7-5534-2624-2
定　　价：36.00元

如发现印装质量问题，影响阅读，请与出版方联系调换。

序　言

习近平总书记指出，青年最富有朝气、最富有梦想，青年兴则国家兴，青年强则国家强。青年是民族的未来，"中国梦"是我们的，更是青年一代的，实现中华民族伟大复兴的"中国梦"需要依靠广大青年的不断努力。

要提高青年人的理论素养。理论是科学化、系统化、观念化的复杂知识体系，也是认识问题、分析问题、解决问题的思想方法和工作方法。青年正处于世界观、方法论形成的关键时期，特别是在知识爆炸、文化快餐消费盛行的今天，如果能够静下心来学习一点理论知识，对于提高他们分析问题、辨别是非的能力有着很大的帮助。

要提高青年人的政治理论素养。青年是祖国的未来，是社会主义的建设者和接班人。党的十八大报告指出，回首近代以来中国波澜壮阔的历史，展望中华民族充满希望的未来，我们得出一个坚定的结论——实现中华民族伟大复兴，必须坚定不移地走中国特色社会主义道路。要建立青年人对中国特色社会主义的道路自信、理论自信、制度自信，就必须要对他们进行马克思主义理论教育，特别是中国特色社会主义理论体系教育。

要提高青年人的创新能力。创新是推动民族进步和社会发展的不竭动力，培养青年人的创新能力是全社会的重要职责。但创新从来都是继承与发展的统一，它需要知识的积淀，需要理论素养的提升。马克思主义理论是人类社会最为重大的理论创新，系统地学习马克思主义理论有助于青年人创新能力的提升。

要培养青年人的远大志向。"一个民族只有拥有那些关注天空的人，这个民族才有希望。如果一个民族只是关心眼下脚下的事情，这个民族是没有未来的。"马克思主义是关注人类自由与解放的理论，是胸怀世界、关注人类的理论，青年人志存高远，奋发有为，应该学会用马克思主义理论武装自己，胸怀世界，关注人类。

正是基于以上几点考虑，我们编写了这套《马克思主义简明读本》系列丛书，以便更全面地展示马克思主义理论基础知识。希望青年朋友们通过学习，能够切实收到成效。

韩喜平

2013年8月

目　　录

引　言

共同富裕，是社会主义建设的终极目标，是我党领导全国各族人民，不断拼搏，锐意进取，坚持改革开放的动力源泉，也是全人类所共同的美好愿望。党的十一届三中全会以来，我党在马克思列宁主义、毛泽东思想的指引下，高举邓小平理论的伟大旗帜，坚持"三个代表"重要思想，坚持科学发展观，在社会主义建设的道路上取得了一系列卓越的成就，这正是因为我党坚持把共同富裕思想牢牢作为社会主义建设的核心目的。我们不单要长期坚持这个核心不动摇，而且还要加快社会主义市场经济建设的步伐，早日带领全国人民实现共同富裕。

全书主要分为六个部分。第一部分是对共同富裕的理论探讨。我们认为，共同富裕就是社会主义的本质所在，是代表广大人民群众切身利益的。共同富裕，就是让全体社会的劳动者都能够实现富裕，因此它具有广泛的群众基础。同时，坚持共同富裕的道路，是我们建设社会主义的必然选择。共同富裕要坚持生产资料的公有制，要废除贫富差距，废除两极分化，消灭剥削，消除私有制，这些都是社会主义的本质要求，都体现了社会主义的优越性。因此共同富裕是无产阶级建设社会主义要最终实现的目标。实现了共同富裕，也就实现了人的全面发展，实现了社会主义建设的伟大成就。第二部分是我国古代共同富裕思想的研究。共同富裕思想不论是在东方还是西方，都有着较早的历史研究。在我国古代，儒家思想中就有着大同社会、小康社会的构想，这些对理想社会的构思虽然停留在封建社会的形态上，也不具备实现的客观条件，但是仍然是我国先哲对美好社会的理论探索。第三部分是西方共同富裕思想的研究，包括空想社会主义者对"乌托邦""理想国"的设想，以及马克思列宁等人的共同富裕观。第四部分是中国化的共同富裕观。新中国成立后，毛泽东、邓小平等马克思主义者都对共同富裕思想进行了发展和深化。特别是邓小平提出的具有中国特色的共同富裕思想，更是我们建设社会主义的伟大指导思想。正是由于我们长期贯彻和坚持邓小平开创的共同富裕思想，并逐渐发展，才让中国的经济发展发生了翻天覆地的变化。第五部分着重阐述了我国还存在着一系列影响我们实现共同富裕的问题。最主要的方面体现在收入分配不均衡，贫富差距过大，社会保障体系不完善等。最后文章提出了实现共同富裕的对策。我们要加大改革的力度，不断根据人民群众的需要完善市场经济，完善收入分配秩序，改进党的作风建设，提高党的执政能力。只有这样我们才能早日克服重重困难，实现共同富裕。

第一章　共同富裕是社会主义的本质体现

我国是一个拥有五千年文化传承的、历史悠久的文明古国。在漫长的历史长河中，涌现出了无数的伟人，他们用勤劳的双手和聪明的头脑，创造出了一个又一个伟大的发明，对人类历史的发展做出了不可磨灭的贡献，在数学、医学、哲学、冶炼、天文学等领域都有非凡的成就。四大发明便是中华民族为世界发展做出的突出贡献。不过历史的发展总是充满曲折的，中华民族也不能永远屹立在世界历史的巅峰。近代以后，中国遭遇了西方列强的殖民主义的迫害，也遭受了法西斯主义的屠戮，广大劳动人民在"三座大山"的剥削和压迫下过着民不聊生、悲惨困苦的生活。直到十月革命一声炮响，中国迎来了马克思主义。也就在这个时候，中国的历史注定要发生翻天覆地的变化。随着中国共产党的成立，中国历史新的引路人登上了历史舞台，勇敢地挑起了带领全国人民摆脱殖民主义、摆脱帝国主义、摆脱封建残余压迫的历史重担。经过无数革命先辈抛头颅、洒热血的牺牲，终于在1949年迎来了新中国的诞生，向世界证明了伟大的中华民族从此站起来了！在经历了百年的屈辱之后，伟大的中华民族能否再次回到世界历史的巅峰，能否建立一个比过去任何一个时代都繁荣、都富强、都有凝聚力的中国，这是所有的中国人都会思考的一个问题。而这个问题的答案只有一个，那就是共同富裕。只有坚持共同富裕，实现共同富裕，人民生活水平才能提高，人均收入才能增加，百姓安居乐业，社会安定繁荣，国家昌盛富强，民族团结友爱，这样才能实现中华民族往日的荣光，中国才能重新站在世界舞台的中心。那么什么是共同富裕？共同富裕又有哪些特征？共同富裕具备哪些内涵？本章将带给你一个对于共同富裕概念的全面理解和认识。

第一节　共同富裕的科学内涵

一、共同富裕的概念

共同富裕，顾名思义，就是指全体劳动人民共同走向富裕的生活。在一个共同富裕的社会里，每一个劳动者都能够享有极大的物质和精神财富，都能平等地享有一切机会，都能过上幸福美好的生活。我们现在所提出的共同富裕思想，主要是指邓小平通过总结先人的理论和我国社会主义建设的具体实践提出的，其主要思想是让全体人民通过辛勤的劳动和互相帮助从而达到丰衣足食的生活水平。共同富裕思想是邓小平理论的重要组成部分，也是中国特色社会主义理论体系的重要内容。邓小平认为："我们是社会主义国家，国民收入分配要使所有的人都得益，没有太富的人，也没有太穷的人，所以日子普遍的好过。"邓小平用非常简练和朴素的话让人民的脑海中产生了一个共同富裕的景象。共同富裕，包括两个层次的内容，一个是共同，一个是富裕。共同，就是指全体社会的劳动者，都能够平等地享有社会的物质财富，平等地享有发展的机会，平等地享有富裕的权利，人人都要富裕，人人都能富裕。而富裕，就是指全社会能够创造出巨大的物质财富可供全体劳动者来分配，物质财富的创造力非常巨大，让人民能够充分满足自己的物质文化需要，产品供给富足，人人都能够得到自己想要的东西。因此共同富裕包含这两个层次的内容，任何孤立的、片面的理解共同富裕的做法都是不正确的，我们要坚决杜绝。

二、共同富裕的特征

共同富裕这一概念的提出，为我们建设社会主义市场经济指明了方向，是我们全党、全国各族人民在建设社会主义的道路上，要严格坚持和贯彻的，毫不动摇。而类似共同富裕这一概念的思想，早在我国古代就出现过。例如我国古人曾经提出过的"天下为公""大同社会"的思想（后面还会详细论述这种思想），以及西方空想社会主义者提出的"理想国"，"乌托邦"的构想。不管是前者也好，后者也罢，都没有对共同富裕这个概念进行翔实的论述和科学的发展，他们虽然提出了一些近似于共同富裕的思想，但是由于其思想诞生的阶级立场和时代背景等因素，没有办法真正完善共同富裕，真正创立科学的共同富裕观。而直到马克思开创了科学社会主义之后，共同富裕的思想才真正有了坚实的理论基础和实现的客观条件，而在马克思主义中国化之后，我国历代领导人对共同富裕思想又进行了卓尔不凡的深化和发展，最终得到了一个丰满的、完善的，并最终会实现的共同富裕思想。因此，想要真正了解共同富裕的思想，就必须要同前人的思想区分开来，并了解共同富裕思想的深化，抓住共同富裕思想的特征，理解共同富裕思想的时代意义和理论内涵。

1. 共同富裕并不等同于同步富裕，也不是同等富裕

因为共同富裕并不是要搞平均主义。共同富裕思想的一个重要认识前提，就是要明确在实现共同富裕的过程中，是必然会存在收入差距的，同步富裕和同等富裕在现实社会中都是不可能实现的。这是因为，同步富裕和同等富裕只强调了财富分配的平均化，而忽略了财富分配对生产发展的反作用。片面强调分配的平均主义，虽然可以提高社会的公平信念，但是这种以忽视公民生产所得，损害公民劳动积极性的公平是不利于我们实现共同富裕的。我们知道，经济学中的一个重要原则就是，人们会在利益刺激的作用下，采取积极的行动使利益扩大。而在一个以社会主义市场经济为条件，以生产资料公有制为基础的前提下，公民通过自身劳动所创造的价值，应该归其所有。他创造的价值，如果用货币来衡

量，那么每一元钱都是他用辛苦的劳动换来的，他理应享有全部创造出来的财富，这是符合市场经济原则的。而如果我们片面强调公平性，满足一种平均主义的分配方式，从他的手中将他理应得到的财富分配给其他没有付出同等劳动的公民，那么他的合法收入将受到影响，他自身的利益也会受到侵害。更为严重的是，他会丧失对劳动的积极性，同时也助长了其他劳动者不劳而获或者少劳多得的不良思想。这样，整个社会的生产都会受到影响，大家都想通过平均主义的分配而获得比劳动所得更多的收入，这样整个社会就会失去前进的动力，其危害是相当大的。我国从20世纪50年代开始实行的人民公社化运动，就是对共同富裕思想观念的一个错误理解。它片面地强调了公平的重要性，而忽视了收入差距对生产的积极因素。正如邓小平后来在评价这段历史的时候，说道："搞平均主义，吃大锅饭，人民生活永远改变不了，积极性永远调动不起来。"

我们说，搞平均主义之所以不能够真正意义上去实现共同富裕，主要原因就在于平均主义其本身就是一种不公。平均分配的思想最早形成于原始社会。在漫长的达百万年的原始社会里，平均是最高的社会准则。在生产力水平极其低下的背景下，平均分享劳动成果，才能维系种群的繁衍。因此，平均分配的思想和规则，对于维持社会的存在和发展具有积极意义。然而，在社会主义条件下，平均主义不能够体现劳动的差别，不能够体现由于劳动强度和劳动能力不同所带来的报酬的差异，并且平均主义这种思想会让劳动的特殊性归为一般性，使多劳多得，少劳少得，不劳不得的按劳分配体制无法实现，这是有违于社会主义经济发展的一般过程的。因为人的劳动能力和对生产要素的利用程度以及人自身的条件差异，决定着劳动力水平不是统一的。必然会存在着劳动能力方面的差别，而劳动能力决定着物质财富创造的水平。而平均主义它否定了人的这种先天的劳动差异，是对劳动贡献大的人的一种剥夺。它减弱了社会发展的风险创新意识。在平均主义状态下，社会主体更不愿冒风险创新，因为创新的收益并不能得到有效保证，其结果是人们更愿意偷懒和坐享其成，而不愿使自己的成果让别人白白享受。因此平均主义不论从生产上还是在分配的领域，对我们建设社会主义都有着巨大的危害。江泽民曾经指出："平均主义倾向损害经济效益，压抑劳动者的积极性，可能促使某些人对公有制的离心倾向，甚至会刺激某些人采取不正当的手段牟取私利的欲望。"因此共同富裕不等同于同步富裕，也不是同等富裕。

2. 共同富裕必须是以公有制经济和按劳分配为基础的

社会主义公有制，极大地保护了社会财富能够尽可能公平地在全体劳动成员之间进行分配，是我们实现共同富裕的制度保障。公有制，顾名思义，就是一种能够代表最广大人民利益的生产关系，人们在这样一种优越的生产关系条件下所创造出的财富，能够公平地分配给社会成员。在社会主义的初级阶段，我们应该遵循按劳分配的原则，最大限度地满足劳动人民对于财富分配公平的渴望，让全体劳动者都能够从劳动中获利，从而带动社会主义经济建设蓬勃发展。当然在公有制条件下，也必然存在着劳动者因为个人生产能力不同而带来的利益分配的不同，这是正常的，而抹杀这种差异则会出现不利于经济建设的问题。我们必须正视这种劳动差异带来的分配差异。可以说，公有制的分配方式是人类历史发展到今天，最接近实现共同富裕的一种优越的分配方式，它与以往的以私有制为基础的分配方式是截然不同的。从前任何一个时代的私有制的分配方式，无一例外地都是站在财产占有率的立场上，根据财产拥有的多少来进行分配，这样会让先天优势的财富占有者获得更多的财富，富者越富，穷者越穷，凸显了马太效应。而在公有制的分配方式下，人们如何获得财富，不是按照财产占有率的高低，而是根据劳动者在生产的过程中付出了多少劳动。付出更多的劳动，意味着能够得到更多的财富。这必然会调动广大劳动者的积极性。从长久来看，在生产水平欠发达的社会主义初级阶段，由于生产力水平比较低，劳动者的个体差异带来的劳动能力、劳动熟练度的不同会让劳动者获得比较大的分配差距，这些是我们建设公有制经济的过程中所不能避免的，是一条必须要跨过的门槛。我国当前社会主义初级阶段的所有制度和分配制度已经确立起来，非公有制经济的和按要素分配的比重有了明显的提高，既要完善公有制和公有制的主体地位，又要完善非公有制和多种所有制经济共同发展的制度。既不搞单一的公有制，又不搞私有化。社会主义客观上要求实行公有制，但我国初级阶段的现实又决定我们必须发展多种所有制经济，尤其是要发展个体私营经济。关于这一问题，我党在十五大提出，在我国社会主义经济建设的初期，在社会主义初级阶段，在生产力水平仍然处于较低的时期，我们应该坚持以公有制为主体，多种所有制经济共同发展的原则不动摇，而且要把这种以公有制为主体，多种所有制共同发展的经济体制作为一个基本的经济制度，而且只要是有利于发挥社会生产力，有利于提高综合国力，有利于提高人民生活水平的所有制形式，我们都应该采用，为社会主义建设服务。

近年来，我国的社会主义经济发展十分迅速，取得了许多经济建设的辉煌成就。这些成绩是我们坚持公有制为主体，多种所有制经济共同发展所得来的。但是在取得成绩的同时，我们也应该清醒地认识到，在发展的同时，矛盾和问题也日渐凸显出来。邓小平多次强调，一个公有制占主体，一个共同富裕，是我们所必须坚持的社会主义的根本原则。他强调公有制和共同富裕两个方面，既向人们阐明了公有制和共同富裕之间的内在联系，也告诫人们如果我们没有将公有制作为主体，片面强调其他所有制方式带来的经济效益，忽略了公有制的主体地位，那么共同富裕就不会实现。也就是说，只有坚持公有制的主体地位，共同富裕才有实现的可能。随着我国多种所有制经济发展规模越来越大，水平越来越高，GDP百分比也呈逐年上升的态势，社会上出现了许多要求保护私有财产的声音。尤其是在网络信息技术迅猛发展的今天，诸如西方普世价值的财富观念越来越多地渗透到我们的社会中来，使许多人开始关心私有财产的问题，尤其是对私有财产的保护问题。诚然，即使是在公有制的条件下，我们也要注意保护劳动者的私有财产的合法权益。但是我们要强调，在社会主义公有制条件下，真正得到保护的是符合社会主义市场经济法律法规，遵照社会主义市场经济秩序所得到的劳动财富。

胡锦涛在党的十八大报告中也指出，要毫不动摇地巩固和发展公有制经济，推行公有制多种实现形式，推动国有资本更多投向关系国家安全和国民经济命脉的重要行业和关键领域，不断增强国有经济活力、控制力、影响力。要按照十八大精神，做大、做优和做强国有经济，搞好、搞活整个公有制经济。否则，我国经济可持续发展的长久效益就要落空，以"最广大人民利益为本"的整体效益——共同富裕就要受损。所以，我们今天强调必须"毫不动摇地巩固和发展公有制经济"已经具有特别重要的意义。

3. 共同富裕必须是以发达的社会生产力为实现条件的

共同富裕必须建立在生产力发达的基础之上。没有发达的生产力，不可能富裕，更不可能共同富裕，而且社会生产力从根本上决定着经济活动的效率。社会主义制度的建立为生产力的发展开拓了广阔的空间。社会主义能够创造出比资本主义更高的劳动生产率，这是社会主义优越性的表现。邓小平指出："如果在一个很长的历史时期内，社会主义国家生产力发展的速度比资本主义国家慢，还谈什么优越性。""我们一定要、也一定能拿今后的大量事实来证明，社会主义制度优于资本主义制度。这要表现在许多方面，但首先要表现在经济发展的速度和效率方面。没有这一条，再吹牛也没有用。"我国改革开放的实践证明了社会主义制度的优越性。统计数据表明，1978年以来，生产力提高是促进中国经济发展的重要因素，这与认为中国经济增长仅仅依赖于投资等扩大生产的手段的看法有显著不同。报告显示，在过去20年里，中国的全要素生产力年均增长率在3.5%—4.4%，远远高于发展中国家和发达国家通常的1%—2%和2%—3%，这对中国的经济发展产生了重要作用。报告预计在未来15年，如果全要素生产力年均增长保持在3%以上，中国经济将持续每年9%的增长幅度。1978—2003年，我国国民生产总值（GDP）年均增长9.4%，比日本还要高两个百分点。在这25年间，我国是世界上经济增长速度最快的国家。我们之所以能够实现如此快速的经济发展速率，其主要原因仍然是因为我们坚决依靠人民群众，坚持党的领导，坚持公有制经济主体地位不动摇，坚持多种所有制经济共同发展的方针。在公有制经济下，社会主义市场经济能够高效地优化各个生产要素，促进各个生产要素发挥最大的效率。

社会主义发展生产力、提高劳动效率要秉持着社会主义原则，这一原则本质上和资本主义国家发展生产力、提高劳动效率是不同的。我们说社会主义发展生产力的原则，第一是发展生产，第二是共同致富。资本主义社会虽然也强调发展生产力，但是其发展生产力的结果，或者财富分配的根本目的，是为资本主义社会的生产资料占有者服务的，发展的财富归少数人所有，这就会使得资本主义社会贫富悬殊，两极分化严重。社会主义最大的优越性就是共同富裕，这是体现社会主义本质的一个东西。因此只有创造更加丰富的物质产品，不断满足广大人民群众的生活需要，提高人民的生活水平，我们才能成功走向共同富裕。而生产力的发展作为我们社会主义的内在要求，客观地也为共同富裕提供了实现的可能，而且只有当生产力发展所创造的社会财富公平地分配给社会成员时，才能实现共同富裕，反之，则会造成两极分化、贫富差距悬殊的不利局面。因此我们认为要想实现共同富裕，就必须首先实现真正的社会公平，如果把公平仅仅当作是分配方式的一种补充，而没有考虑到公平的重要性，都是不可能实现共同富裕的。

4. 共同富裕要防止两极分化

走共同富裕道路，是党为人民服务根本宗旨的集中体现，是中国特色社会主义的本质特征，是实现科学发展、社会和谐的内在要求。实现共同富裕必须解放和发展生产力，为共同富裕创造雄厚的物质基础；必须坚持社会主义，反对平均主义，防止两极分化，为共同富裕提供牢固的政治保障。纵观人类社会历史的发展，我们可以清楚地意识到，私有制是产生两极分化、阶级剥削、阶级对立的根源，是被压迫阶级和统治阶级、被剥削阶级和剥削阶级一切矛盾的源泉，而当人类历史出现了市场经济之后，当私有制顺其自然地和市场经济这一手段结合之后，市场经济又无形中加速了两极分化，扩大了贫富差距的局面。在资本主义之前的奴隶社会、封建社会都是私有制社会，在这些社会形态中，地主阶级对农民的剥削通常是显而易见的，通过货币地租或者实物地租的形式压榨劳动者。而资本主义与其他私有制社会不同的是，它是把私有制与市场经济相结合，让劳动者去工厂里面做工，不但让资源可以在市场经济的条件下得到优化配置，也可以通过延长劳动时间的方式剥削工人从而赚取剩余价值，所以说，市场经济创造了资本主义现代文明。但是市场经济带来的贫富差距和两极分化的现象也是非常严重的，不可轻视。当前我国处于社会主义初级阶段，需要以公有制经济为主体，同时吸纳其他所有制经济为公有制经济作补充。

在我国，总体上是社会主义公有制与市场经济相结合，但也有一定范围的私有经济与市场经济的结合，这就导致一方面调动了积极性，另一方面也有可能引起两极分化。2011年中国已跃升至世界第二大经济体，彻底告别了自近代以来积贫积弱的局面，特别是改革开放30多年来的经济发展奇迹，证明了我们党与时俱进的执政能力与活力。但对于执政党而言，一个不可回避的、紧迫的重大挑战是，如何扭转社会贫富差距日渐扩大的现实困局。近10年来，中国居民收入在财富分配中所占比例呈持续下降态势已是不争的事实。中国社科院在其发布的一本蓝皮书中指出，在中国，作为判断收入分配公平程度指标的基尼系数已高达0.47，而GDP总量刚刚被中国超越的日本只有0.25。舆论普遍认为，中国贫富差距已接近社会所能忍受的"红线"。平等的收入分配格局，在任何国家都有利于扩大有效需求总量，二战后日本社会收入分配平均程度长期为西方主要国家之最，正是这种较为平均的收入分配格局令日本迅速完成了大件消费品的普及。

党的十七届五中全会将保障改善民生及收入分配结构调整提升至认识论和方法论的新高度，提出了未来5年的务实发展目标。"十二五"规划更首提"改善民生十大行动计划"

和"城乡居民收入增长不低于GDP增长"等量化发展目标，就是要让百姓"有钱花、敢花钱"。在邓小平看来，所有制问题、财产占有问题解决不好，分配问题就解决不好，贫富差距就会拉大，势必影响大多数劳动群众的积极性。其最终结果会使生产力遭到破坏，社会成员的收入水平出现贫富相差悬殊的局面，甚至会最终出现两极分化的矛盾，从而产生大量的社会问题和矛盾，会动摇执政党的地位，让建设社会主义市场经济的美好局面出现危机。

因此要想发展社会主义市场经济，尤其是以公有制为主体其他所有制经济共同发展，就必须从体制上、政策上坚持党的领导，坚持共同富裕的基本原则，扼制两极分化的危险态势，把财富合理地分配给社会成员。因此，我们既要发挥市场经济的长处，又要避免市场经济的不利和负面影响；既要让非公有制经济成为公有制经济的合理有效补充，也要最大限度地保证非公有制经济不会产生过大的危害，将非公有制经济的不良影响降到最低。同时要坚持按劳分配为主的分配方式，这也是共同富裕的基本制度保证。

三、共同富裕的科学内涵

对于作为社会主义优越性的"共同富裕"理论，我们必须正确把握其科学内涵和优越性的表现。共同富裕是社会主义的本质内容、根本原则、最终目标，其科学内涵包括以下几个方面。

共同富裕是一个理想的全体人民共同享有高度的物质财富和精神财富的终极的社会形态。之所以全体社会成员能够拥有高度的物质精神财富，其前提必然是在这样一个社会形态中可以创造出高度发达的财富水平，然后才会涉及分配的方面。也就是说，共同富裕不光是分配的角度，也必然包含生产的角度。从人类历史的发展轨迹来看，从奴隶社会到封建社会，从封建社会再到资本主义社会，无一例外的是由新的生产关系更替了旧的生产关系，从而改变了社会形态。而生产关系直接促进的是社会发展的根本动力——生产力。因此马克思曾经说过，"任何生产力的提高都是人的解放的新的表现形式"。

共同富裕是物质利益价值和强大的精神价值的有机统

一。首先，共同富裕不是全体社会成员共同完成的，而是需要让一部分人先富起来，让先富起来的人带动后富群众，从而最终达到共同富裕的理想境界。有人先富，就必然有人后富。先富起来的人要积极帮助后富起来的人，需要他们具备崇高的道德修养，具有革命领路人的贡献精神；而后富的群众由于没有第一时间得到富裕的机会，因此在社会财富的分配过程中，是要具有一定的自我牺牲精神的。这种为了全体社会经济发展直到实现共同富裕的贡献和牺牲精神，是极其难能可贵的。因此我们要告诫全党全体社会成员，提高自身道德修养，只有全社会成员共同努力，我们才能早日实现共同富裕。其次，要实现共同富裕，必须要克服一些错误的拜金主义思想，在实现共同富裕的过程中，势必会出现先富群众和后富群众的收入差异，如果大家都把心思和精力集中在对物质财富的攀比和追求上，会对共同富裕的战略进程产生不利影响。最后，共同富裕也提倡社会成员相互关心、互相帮助的良好的社会风气，它要求先富的群众能够带动后富的群众改善生活水平，提高收入，这本身就是一种阶级友爱。

共同富裕之所以涉及"共同"二字，意味着全体社会成员都会最终走向富裕，它是涵盖所有社会成员的，是全体劳动者共同的价值观所向。在社会主义市场经济条件下，共同富裕的实现必然要依靠社会主义的劳动者在坚持公有制，坚持按劳分配的原则下艰苦奋斗才能够实现，因此可以说共同富裕思想也是我们树立社会主义价值观和人生观，树立自身奋斗目标的旗帜。

共同富裕是马克思主义思想中，关于人类社会未来发展的一个终极目标，是人类社会发展到最高阶段的一个标志。共同富裕，究其自身的特殊性而言，有着和生产关系、生产力极为紧密的联系，离开了生产关系、离开了生产力的发展水平，共同富裕不可能实现。人类社会从原始社会到奴隶社会，从奴隶社会到封建社会，从封建社会再进一步发展到资本主义社会，无一例外地没有能够具备实现共同富裕的物质基础。即使在资本主义社会刚刚确立的几百年中，即使由于以蒸汽机的出现为标志的工业革命为资本主义社会带来了巨大的生产力，资本主义社会也没有能够实现共同富裕。因此，实现共同富裕的任务自然而然要由社会主义来完成。而社会主义的本质，即是为了实现人的全面发展，实现全社会的共同富裕。因此共同富裕作为我们建设社会主义的一个终极目标，是和我们发展社会主义市场经济，解放生产力，发展生产力，建设和谐社会相一致的。

第二节　共同富裕是人类的美好愿望

人类社会发展到今天，对于未来美好社会的憧憬，从来就没有间断过。如前文中介绍过的，不管是东方还是西方，人们对于美好社会的渴望，对理想社会的追求，都曾付出了实践。一切有识之士和进步力量一直都把如何实现理想社会、如何实现共同富裕作为其奋斗的目标，不懈地去追求。人们也希望在理想社会、在全人类共同富裕的环境中，彼此都能够享受到人类改造自然后，创造出来的所有物质财富和精神财富，在一个理想社会中，彼此都能够平等地享有物质资料和生产要素，在机会和权利的天平上，彼此都能够实现均衡，每个人在社会中都会得到别人的尊敬，都能够享有平等的地位和尊严，个人的需求和发展的意愿可以得到最大限度的满足，人与人之间没有为了一些私利而发生的尔虞我诈，钩心斗角，到处充满着彼此之间的互相关怀和温馨，到处洋溢着对生活的热情和对朋友的祝福。人们不再会因为吃不饱、穿不暖等较为低级的需求而到处辛苦操劳，奔波忙碌。在共同富裕的社会中，全社会将会为全体人民提供充裕的物质财富，保障人们的各种需求，进而能够加速实现人的全面发展。

然而，我们同样在分析了人类历史从产生到发展的过程后，可以得出这样的结论，即在生产力水平低下的原始社会，多数人仍然过着食不果腹、衣不遮体的悲惨生活。由于当时自然条件和生产技术水平的限制，人们甚至无法得到充足的粮食供应，靠捕捉野兽、采摘花果为生。即使在原始社会中，人们都是平均分配劳动果实的，但是这种平均分配劳动果实的做法是建立在当时十分落后的生产力水平上的。在当时的原始社会，每一个家族成员对于家族的维系，对于食品的供给而言都是不可或缺的存在，如果家庭成员中出现了分配不均的情况，那么就必然会影响家庭成员提供劳动果实的能力，甚至会引发家族冲突。因此在当时，平均分配劳动果实是维系家族生存、保障食物供应的一种分配方式。有人对于这种原始共产主义的形态十分向往，认为这才是人类历史上对于财富分配的最平均的形态。诚然，在原始社会，劳动果实的分配的确是平均的，但是在这种平均的背景下，掩藏着生产力和生产关系之间互相作用的力量。随着人类历史的不断向前发展，人类学会了耕种土地，按时收获粮食，打猎技术不断提高，当人们可以从生产中获得大量的充裕的粮食而不再为吃饭担忧时，就必然会出现私有财产。而一旦出现私有财产，那么阶级就会应运而生。这之后，剥削、压迫就会接踵而至。所以在原始社会，虽然分配方式真正实现了平均分配，但是这种分配方式是不稳定的，是没有进化到最终形态的。一旦生产力继续发展，这种微妙的平均主义就要失败，这种分配方式就会被人为地破坏，并最终走向消亡。因此在当时的生产力水平下，在原始社会的背景下，共同富裕只能是作为一种美好的愿望，或者是一个遥不可及的美好梦想而存在。

当人类历史的车轮前进到比原始社会更高级的阶段后，即奴隶社会、封建社会、资本主义社会，由于私有制的产生，必然会将全社会分成若干个阶级，不同的阶级掌握着不同程度的财富。在奴隶社会，奴隶主掌握着大量的财富，甚至掌控着奴隶的命运；在封建社会，封建统治者不仅拥有土地，而且还霸占着生产资料，对农民百般剥削、压迫，人民生活困苦不堪，民不聊生。唐代著名诗人杜甫悲愤地写道："朱门酒肉臭，路有冻死骨。"我国东汉末期的政论家、史学家荀悦在《汉纪·武帝纪四》中也这样说道："富者田连阡陌，穷者无立锥之地。"意思是说封建贵族统治者家中的土地都连成了片，而穷人贫苦得一无所有，甚至连站的地方都没有。而到了资本主义社会，由于私有制依然存在着，使得资本家和劳动工人的财富分配依然有着天大的差别。资本家不用付出劳动就可以获得巨大的财富，而工厂里的劳动工人由于失去了自身的生产资料，只能去资本家的工厂里做工，通过出卖自己的劳动来获得维系家庭生存的最低生活需要。甚至一些可怜的孩子也要帮家里做工，早早地承担生活的重担，为了能够为家庭分担生活压力，不得不用自己稚嫩的肩膀去矿井里拉矿车，去烟道里擦烟囱，有的孩子因为高强度的体力劳动和肮脏不堪的工作环境，早早地罹患重病而死去。

这种人剥削人、人压迫人的情景，在资本主义社会刚刚成立的早期阶段，几乎是普遍存在的。正如马克思在《资本论》中对资本主义社会描述的那样："资本家一极是财富的积累，无产阶级一极是贫困、劳动折磨、受奴役、无知、粗野和道德堕落的积累，这就是资本主义社会的两极分化。"在资本主义社会里，由于私有制的存在而出现的两极分化是极为普遍的，而且这种两极分化是有其存在的客观基础的，即私有制的存在让资本主义社会的两极分化越发严重。当资本主义社会发展到一定阶段之后，特别是二战之后，一些资本主义社会通过减少劳动时间、降低劳动强度和改善工人劳动环境以及成立工会等措施，看似减少了对工人的剥削，而实际上，他们只是减轻了对工人的剥削程度而已。只要存在着私有制，那么工人和资本家的矛盾就不可能消除，工人和资本家对于财富分配和占有的两极分化就必然会存在。因此在资本主义社会及其之前的任何一个社会形态中，只要存在着私有制，那么人们就无法实现共同富裕，无法实现理想社会的状态。共同富裕的美好设想，仍然是不可企及的，只能停留在人们的想象中。

由此，我们可以得知，在社会主义之前的一切阶级社会形态的前提下，任何一种社会制度要么是让全体社会成员一起忍饥挨饿，虽然能够保障食品的公平分配，但是相对于如此稀少的劳动果实而言，即使平均分配，每个人能够得到的也是非常少的；要么就是让社会出现两极分化，让社会的一少部分人占据着社会绝大多数的财富，让一部分人像寄生虫一样依附在劳动人民的身上，不断地剥削、压迫劳动人民，让劳动人民的生活日益困苦，背负着沉重的生活负担，过着饥肠辘辘、朝不保夕的日子。所以要想实现共同富裕，就必须要依靠一种生产资料公有制为基础的社会形态，让全体劳动者对生产资料实现共同拥有，让全体劳动者都能够作为国家的主人，有权利对全社会的劳动产品进行共同分配，有权利提出自己的主张和呼声，而这些只有在社会主义公有制的社会形态下才可以实现。

第三节　共同富裕体现了社会主义的优越性

一、共同富裕要求解放生产力，发展生产力

中国特色社会主义是社会主义在当代的新形态，邓小平

指出："我们说的社会主义是具有中国特色的社会主义。"因此，在他的著作中讲社会主义优越性时，就是讲中国特色社会主义的优越性。历史唯物主义认为，生产方式在社会发展中具有决定性的作用。因此在谈社会主义制度优越性时，首先要从生产方式（即生产力与生产关系）上进行考察。而共同富裕正是生产力及生产关系上对社会主义的根本目标进行的描述，基于以上考虑，社会主义制度的优越性与共同富裕这个社会主义本质和根本目标的关系，主要表现在社会主义制度优越性中的生产方式方面。

第一，中国特色社会主义制度更能促进生产力发展，而生产力的发展是达到"富裕"的根本动力。马克思主义发现人类历史上出现过五种依次更迭的社会制度。每一种社会制度在其初期能够适合生产力，推动生产力迅速发展，是进步的。后来随着生产力发展，原来的社会制度逐步成了生产力发展的桎梏，生产力发展缓慢停滞，成了过时的、落后的社会制度。依据这样一个客观发展过程，历史唯物主义认为，评价社会制度是否优越、进步的首要标准或最高标准，就是看它能否推动生产力发展，尽快发展。毛泽东曾指出："社会主义和资本主义比较，有许多优越性，我们国家经济的发展，会比资本主义国家快得多。"而邓小平也指出："社会主义制度优于资本主义制度。这要表现在许多方面，但首先要表现在经济发展的速度和效果方面。"

在现实世界中，社会主义制度与资本主义制度对于生产力发展在推动力上的区别可以以中国特色社会主义为例，观察中国从建国到现如今经济的高速发展中可以看出：发达资本主义国家经过几百年的发展，其生产关系对生产力的推动作用正在逐步减弱，并且在许多方面阻碍着生产力的发展，国民经济发展缓慢，经济增长速度一般只有1%—4%。而发生经济危机时，就变成负增长。新中国成立已60多年了，前30年经济年增长率为6.1%，后30年为9.8%。由此可见，社会主义制度对生产力的推动优于资本主义制度。此外，在最近的国际金融危机过程中，西方大国的金融危机影响了实体经济，形成经济衰退，美英德日法意无一例外地连续两个季度以上经济负增长。中国的经济增长率虽然有所下降，2008年第四季度只有6.8%，但全年依然保持9%的增长率；2009年第一季度为6.1%，第二季度就回升到7.9%，进入了快车道（我国学者普遍认为8%—10%的经济年增长率，都是快车道），全年"保八"的目标已无悬念。我国经济抵抗金融危机冲击的强大力量，同样表明了中国特色社会主义的优越性。

第二，中国特色社会主义的基本经济制度和分配制度更有助于全体人民实现富裕幸福，这是对"共同"的基本保证。马克思在其经典著作《哥达纲领批判》中指出，消费资料的任何一种分配，都不过是生产条件本身分配的结果。而生产条件的分配，则表现出生产方式本身的性质。

我们所要实现的共同富裕，首先应该是一个财富分配的问题，将来我们要实现的共同富裕的目标，也是一个全社会所有劳动者对财富如何享有、如何平等地分配的问题。邓小平指出，社会主义最大的优越性，就是共同富裕。这是社会主义本质的一个东西。历史唯物主义告诉我们，社会财富如何分配，社会成员的贫富状况，是衡量一种社会制度是否公平合理的重要标志，也是反映一种社会制度实质的具体体现。中国特色社会主义的基本经济制度是公有制为主体、多种所有制经济共同发展。公有制为主体意味着生产资料、国民经济命脉主要掌握在人民和国家手中，生产是为了人民，这正是我们党所强调的"利为民所谋"。而生产资料的私人占有，意味着生产资料、国民经济命脉主要掌握在占人口少数的大资产阶级手中，生产是为他们谋取利润，这样的资本主义制度就无法避免劳动人民的绝对贫困化和相对贫困化，也就无法保证全体人民共同享有生产力发展的成果。尽管资本主义社会创造了大量的物质财富，其创造的总和甚至超过了以往一切社会的总和，正如马克思在《共产党宣言》中所讲的那样："资产阶级在它不到一百年的阶级统治中所创造的生产力，比过去一切时代创造的全部生产力还要多，还要大。"这也从一个侧面向我们展示了资本主义巨大的生产力带给了人类社会多么庞大的物质产品。而越是带给资本主义越多的社会财富，则由于私有制的存在，会越发加剧资本主义社会自身两极分化、贫富不均的社会矛盾。

虽然在资本主义社会中，也是要发展生产力的，而且有时候资本主义社会由于其优良的基础设施，高素质的劳动力水平以及较完善的市场经济体制，会使生产力提高的进程较之社会主义社会更快，我们必须要承认这种差距的所在。但是资本主义社会这种生产力的提高是以生产资料私有制为经济基础的，是站在资产阶级统治利益的立场上的，是以提高资产阶级的利润，攫取更多的剩余价值为出发点的。虽然资本主义社会发展到今天，资本主义社会的工人现状有了很大改善，但是相比较于资本主义社会的资本家而言，劳动者依然是一无所有的。相反，我们社会主义解放和发展生产力，是为了提高最广大人民群众的切身利益的，是以生产资料公有制为基础，努力为社会提供更多的劳动产品可供分配，以满足人民群众日益增加的物质财富和精神财富的需求，而不是为了加速两极分化，加剧贫富差距的。因此在这里我们可以清醒地意识到，资本主义社会以及一切其他剥削社会和社会主义社会的一个显著区别，就是不在于社会财富的多少，也不在于资本主义社会和社会主义社会应该用哪种方式来发展经济，计划经济也好，市场经济也好，而是在于能否实现共同富裕这一命题。中国特色社会主义的分配制度是以按劳分配为主体，多种分配方式并存。按劳分配也就意味着人民享有资料的方式是以自己的劳动付出为根本依据的，同时多种分配方式并存又解决了按劳分配在某些情况下的分配不均的问题。这样的分配制度无疑保证了社会公平的实施，也更好地体现了共同富裕所追求的全体人民共同富裕的概念。

第三，中国特色社会主义的基本经济制度更有助于集中力量和统筹规划，这是实现共同富裕的宏观把握。中国特色社会主义基本经济制度在全局的宏观调控中有着资本主义不可比拟的优越性。邓小平指出，要"发挥社会主义制度能够集中力量办大事的优势"。集中力量办大事是同公有制为主体密切相关的。只有生产资料、国民经济命脉掌握在国家手中，才能集中大量人力、物力，才能调动各方面的力量办大事。因此，集中力量办大事的优势是以基本经济制度为基础的，是从属于以公有制为主体，多种所有制共同发展这个中国特色社会主义优越性的。正因为如此，我国许多大事、重大困难，如水灾、非典、地震等，经过全国人民上下一心，顽强斗争，都能战胜克服。而这样的统筹规划使得实现共同富裕不因个人的意志改变而改变，使得共同富裕的目标通过宏观的把握而更具有实现的可能性。

综上所述，社会主义制度的优越性，从一定程度上说，正是体现在实现共同富裕这个目标上的。正是由于有了共同富裕的这个本质的根本目标，使得社会主义制度在推动生产力发展和生产关系的适应上都为实现这个目标而比其他形式的社会制度更具有源源不断的生机与活力，从而在生产方式上体现出社会主义制度的优越性。所以说，社会主义制度的优越性就是共同富裕。

二、共同富裕要求消除贫穷

我国在十一届三中全会之前，在"左"倾指导思想的错误影响下，片面强调生产关系的反作用，无视我国生产力水平极端低下的客观事实，一味地追求生产资料所有制的"一大二公"，即中共中央在当时社会主义建设总路线的指导下，于1958年在"大跃进"运动进行到高潮时，开展的人民公社化运动的两个简称，具体指第一人民公社规模大，第二人民公社公有化程度高。这种错误的指导思想把许多束缚生产力发展的东西，当作是社会主义发展的固有因素加以推广和发扬，对生产力发展造成了巨大的破坏。而"一大二公"即是对人民公社特点的概括，实际上就是搞"一平二调"。"大"指的是把合作社的规模扩大，举个例子来说，从前上百户的合作社可以合并成具有上千户甚至上万户的人民公社，这种程度几乎可以达到一乡一社的水平。公指的就是对财富的统一划分和上缴。原来的合作社不管生产条件如何，生产水平如何，一经划分到更大的人民公社中，就要将全部财产上交给公社，公社是财富统筹核算的主体，对财富的分配也实行的是简单的部分供给制。可想而知这种忽略生产力水平、忽略实际情况而采取的一视同仁的做法会对当时的生产造成何等严重的破坏，以至于平均主义的风气非常盛行，农民几乎没有任何个人的生产资料，原来公社的所有财产也被新公社收缴一空，大大损伤了农民的生产积极性。这种现象造成了农民的惊恐和不安，纷纷杀猪宰羊，砍树伐木，造成生产力的极大破坏，给农业生产带来了灾难性的后果。

这种急于求成建设社会主义的思想，说明了当时我国领导集体对于什么是社会主义，怎样建设社会主义还不明确。他们一方面急于通过"大跃进"的方式快速地向共产主义过渡，另一方面又特殊强调要以阶级斗争为纲，批判社会上出现的一些重视生产力发展的科学言论，将理论界对于如何建设社会主义，社会主义不应该忽视生产力的发展的提议视为是资本主义的一种思想倾向，通过各种方式"割资本主义的尾巴"，把任何有利于生产的社会化、商品化、现代化的东西都看作是资本主义的产物加以毫无甄别地反对和抵制。这种错误的思想倾向一直持续到"文化大革命"，并在"文化大革命"期间达到了高潮。就连毛主席本人也对人民公社化运动持支持的态度，党内一些领导人也在此期间忽视了人民群众追求共同富裕的美好愿望，大力鼓吹贫穷社会主义，认为只有贫穷的社会主义才是纯粹的社会主义，只有贫穷的社会主义才是社会主义建设的正确方向，宁可建设贫穷的社会主义，也不要富裕的资本主义。这些思想严重阻挠了我国经济建设的正常发展，国民经济在人民公社化运动的不利影响下急速倒退，甚至已经达到了崩溃的边缘。

在此期间，我国许多地方由于土地产量不高，再加上自然灾害等原因，使得土地的歉收很严重，而由于社会上浮夸风的盛行，使一些贫苦农民的生活越发艰难，甚至出现了大面积的饥荒。这种错误的贫穷社会主义的指导思想和政策不仅仅延缓了新中国经济的发展，也使人民群众的生活长期停留在一个贫困的状态。并且我们由于失去了建国后人民群众对于社会主义建设的高涨热情的有利时机，使得我们同西方国家的差距不但没有缩小，反而被拉大了，错过了经济发展的良机。这些都是我们由于没有认清社会主义的本质，没有认真了解共同富裕的思想，而给国家经济带来的不良影响。

党的十一届三中全会之后，邓小平重新接过了国家领导人的重担，他总结了过去社会主义建设的经验和教训，多次指出，贫穷并不是社会主义，更不是共产主义。社会主义要消灭贫穷。因此我们建设社会主义，实际就是要首先满足广大人民群众的切身利益，带领人民实现富裕。只不过实现的过程是分阶段的，由一部分人先富起来，然后带动另一部分后富。当全党将邓小平关于什么是社会主义和怎样建设社会主义的指导思想作为全国经济建设的指导思想后，我国经济迎来了一个巨大的飞跃。

改革开放后，我国党和国家领导人不断解放思想，实事求是，在经济建设中充分发挥社会主义的优越性，坚持生产资料公有制为主体，其他所有制经济共同发展的基本方针，在30多年的时间里，取得了举世瞩目的社会主义建设成就，使我国一跃成为世界经济大国，甩掉了贫穷社会主义国家的帽子。

1978年之前的小岗村，是凤阳县出了名的贫困村。"吃粮靠返销，用钱靠救济，生产靠贷款"，是人们当时对小岗村的评价。全村人几乎每年秋后都要出去讨饭过活。而到了1978年冬天，小岗村迎来了历史的转折点，18位农民在土地承包责任书上按下了自己鲜红的手印实施大包干，掀开了农村改革发展的序幕。保证国家的，留足集体的，剩下都是自己的。大包干在保证国家税收集体收入不减少的同时，使农民富裕了起来。小岗村的改革，也使得联产承包责任制在全国普遍开展起来，促使全国农民走上了富裕的道路。小岗村的事实证明，只有让人民群众的切身利益得到满足，只有让人民群众一步步走向富裕，才是社会主义建设的正确方向。在过去，我们一直强调社会建设的道路姓"社"还是姓"资"的问题，这种以阶级斗争为纲的思想一直困扰着我们，对社会主义建设的忧虑，以及对资本主义社会的敌对使得我们在经济发展的道路上畏首畏尾，不敢大胆地去尝试。邓小平针对这种现象，提出了"不管是黑猫还是白猫，能抓老鼠就是好猫"的论断。这为我们解放思想，提供了一点启迪。事实证明，我们建设社会主义，就是要和贫穷告别。贫穷不是社会主义，更不能代表社会主义的建设方向，而只有全社会的共同富裕，才是我们经济建设的终极目标。因此要告别贫穷，告别贫穷社会主义，我们就要以实现共同富裕为目标，大力解放生产力，发展生产力，不断提高人民群众的生活水平，满足人民的物质文化和生活需要。

第四节　共同富裕是社会主义的根本原则

一、共同富裕是社会主义的内在要求

在新中国成立之后，我们党建设社会主义新中国的很长一段时间里，一谈起社会主义，我们就往往把它归结为几大特征，例如，社会主义的生产方式是以生产资料公有制为基础的，社会主义的分配方式是以按劳分配为主体的，社会主义建设是以广大人民群众的最根本利益为出发点的，等等。而对什么是社会主义的本质并不十分清楚。邓小平在他的重要谈话中为我们提供了一个明确而具体的答案，他指出："走社会主义道路，就是要逐步实现共同富裕。"

　　共同富裕作为社会主义的本质是邓小平的一贯思想。1978年，邓小平指出："在经济政策上，我认为要允许一部分地区、一部分企业、一部分工人农民，由于辛勤努力成绩大而收入先多一些，生活先好起来。一部分人生活好起来，就必然产生极大的示范力量，影响左邻右舍，带动其他地区、其他单位的人们向他们学习。这样，就会使整个国民经济不断地波浪式地向前发展，使全国各族人民都比较快地富裕起来。"在这以后，他又进一步强调指出："社会主义的目的就是要全国人民共同富裕，不是两极分化。如果我们的政策导致两极分化，我们就失败了；如果产生了什么新的资产阶级，那我们就真是走了邪路了。我们提倡一部分地区先富裕起来，是为了使先富裕起来的地区帮助落后的地区更好地发展起来，提倡一部分先富裕的人帮助没有富裕的人，共同富裕，而不是两极分化"，"总之，一个公有制占主体，一个共同富裕，这是我们所必须坚持的社会主义的根本原则。我们就是要坚决执行和实现这些社会主义原则。社会主义与资本主义不同的地方就是共同富裕，而不是两极分化"。邓小平的关于什么是社会主义，怎么建设社会主义的思想，成为我们改革开放、建设社会主义的一个根本的指导性纲领，也确立了邓小平的思想是我们全党要认真贯彻的思想，为我国今后的社会建设指明了方向，为加速我国社会主义现代化建设的进程，加快实现人民生活水平的提高，快速提高老百姓的收入水平，奠定了坚实的理论基础。

消灭贫穷，实现共同富裕，使全体人民都过上美好幸福的生活，是我们党领导人民进行革命和建设的根本目的，也是社会主义制度的本质体现。这是由生产资料公有制的客观要求决定的。

在资本主义制度下，生产资料掌握在资产阶级手中，资本家在生产过程中，处于支配、管理和监督的地位，生产出来的产品归资本家所有。资本主义的生产资料所有制决定了它的生产目的是从工人身上榨取最大限度的剩余价值，追逐高额利润，它的生产实质是剩余价值的生产。工人阶级只有劳动力，因此必然处于受剥削、受奴役的地位。这也就形成了资本主义社会两极分化的现象。而社会主义制度的确立，使生产目的发生了根本变化。由于生产资料公有制代替了资本主义私有制，广大劳动者在社会范围内或集体范围内联合起来成为占有生产资料的共同主人，从而实现了生产资料和劳动力的直接结合。在生产、分配、交换和消费过程中，体现着全体劳动者的共同利益。生产的产品，作为劳动者共同的劳动成果，属于劳动人民所共有。这就决定了社会主义的生产目的，是最大限度地满足劳动人民不断增长的物质文化生活需要。因此，劳动者共同富裕，全国人民走共同富裕的道路，就成为社会主义经济发展的一个根本目标，成为社会主义制度的本质体现。这也是马克思主义政治经济学的一个基本观点。恩格斯写道，在公有制为基础的社会里，"通过社会生产，不仅可能保证一切社会成员有富足的和一天比一天充裕的物质生活，而且还可能保证他们的体力和智力获得充分的、自由的发展和运用"。列宁也明确地指出，社会主义生产是为了"充分保证社会全体成员的福利和使他们获得自由的全面发展"。斯大林在总结苏联社会主义建设实践的基础上也指出，社会主义生产的目的不是利润，而是"保证最大限度地满足整个社会日益增长的物质和文化的需要"，"是人民及其需要，即满足人的物质和文化的需要"。由此可见，共同富裕作为社会主义的本质原则是符合马克思主义的，是我们应该始终坚持的指导思想和奋斗目标。

在这个问题上，我党是有深刻的经验和教训的。党的八大曾明确指出："党的一切工作的根本目的，是最大限度地满足人民的物质生活和文化生活的需要。"我国的社会主义建设获得了强大的动力之后，由于指导思想上的"左"的错误，致使经济工作在一个比较长的时间里往往忽视、偏离社会主义生产目的。结果人民的生产积极性受挫，国民经济低速发展，分配上也只能是低水平的平均主义。党的十一届三中全会之后，端正了经济工作的指导思想，实现了工作重点的转移，进一步明确了"不断满足人民日益增长的物质文化需要是社会主义生产和建设的目的"，并开始始终如一地加以贯彻，经过十几年的努力，城乡人民的实际收入和消费水平有了明显提高。今后，我们仍要把解放发展生产力，不断地满足人民日益增长的物质和文化的需要，实现共同富裕作为我们的根本任务并在经济工作和其他一切工作中坚持这个指导思想。

坚持共同富裕，也就是坚持社会主义的分配原则。我国现在处于社会主义的初级阶段，同多种所有制形式和多种经营方式相适应，必然存在多种分配形式，由于我们坚持公有制占主体，因此，按劳分配的分配原则是社会主义主要的分配原则。国民收入的大部分直接归人民所有，用于改善物质文化生活，其余的一部分也是取之于民、用之于民，即国家用来发展经济、文化、科学、教育及国防事业。我国经济较为落后，人口较多，按人均国民收入的水平是很低的，但由于我们消灭了剥削阶级，实行社会主义的分配原则，虽然从总体上看还没有完全摆脱贫困。但我们成功地避免了贫富悬殊，两极分化，并能够保证随着社会经济的发展，使全体人民的生活水平逐步提高，最终达到共同富裕的目标。正如邓小平在谈到我国本世纪末实现小康目标时说："中国有10亿人口，到那时候12亿人口，国民生产总值可达到1万亿美元，如果按资本主义的分配方法，算不了什么，还摆脱不了贫穷落后状态，也就是只有百分之几的人生活好，百分之九十几的人生活还是贫困，但如果按社会主义的分配原则，就可以使全国人民普遍处于小康状态，这就是我们为什么要坚持社会主义的道理，不坚持社会主义，中国的小康社会形成不了。"

实现共同富裕是以社会财富的极大丰富为前提的，而从我国目前情况看，生产力总体水平较为落后，生产社会化程度不高。特别是我国社会生产力在地区间、部门间、行业间、企业间都极不平衡，加之我国人口多，文化落后，技术水平低，使得这种不平衡性显得更为突出，生产力呈现着鲜明的层次性。根据生产关系一定要适应生产力性质的规律，我国生产力发展的这种多层次性和不平衡性，客观上就要求在全民所有制经济占主导地位的前提下，同时存在着多种经济形式的生产资料所有制，从而又决定了以按劳分配为主的多种分配形式并存的分配体制。因此，共同富裕绝不是全体人民的同时富裕，同等富裕，而是通过一部分地区、一部分人先富带动另一部分地区、另一部分人共富的波浪式前进的形式达到的。同时它也将是一个长期、复杂而又艰巨的过程。在这个过程中，社会主义的根本任务就是集中力量解放和发展生产力。邓小平指出，"社会主义的任务很多，但根本一条就是发展生产力，为共产主义创造物质基础。它要在发展生产力的基础上体现优于资本主义，最终是为了实现共产主义"。只有创造出比资本主义更高、更快的生产力，才能为实现共同富裕打下坚实的物质基础，社会主义制度才能从根本上得到巩固和发展。无论是解放生产力还是发展生产力，都必须从根本上改变束缚生产力发展的经济体制，只有这样，才能在更深层次上进一步解放生产力，促进生产力的发展。

目前，在经济领域严重束缚生产力解放和发展的仍然是分配上的平均主义，因此，我们必须继续在打破"大锅饭"体制方面下工夫。这就要求我们继续执行允许一部分人通过诚实劳动和合法经营先富裕起来的政策，适当拉开收入差距，鼓励群众勤奋劳动、积极创业，同时使先富裕起来的人带动更多的人走共同富裕道路。

坚持共同富裕的社会主义本质原则和允许一部分地区、一部分人先富起来，二者是统一的。在一定意义上说，二者是目的和手段的关系。共同富裕既然是整个社会主义的目标，当然也应是初级阶段必然坚持的目标，但在社会主义不同阶段，实现这一目标的方式是不同的，在初级阶段只能通过一部分地区和一部分人先富起来，进而实现共同富裕。这是符合社会主义初级阶段经济发展规律的。

要实现共同富裕，必须坚持社会主义的分配原则。但仅有这一条还不够，因为如果生产力不发展，可分配的产品数量很少，那么即使分配原则是合理的，也只能是平均的贫困，而不可能是共同富裕。要实现共同富裕，归根到底要靠发展生产力，大幅度地增加可分配的产品数量。为此就要最大限度地调动各地区、各个生产经营单位以及广大群众的积极性，而要做到这一点，就要反对平均主义，承认差别，就要允许与鼓励一部分地区、一部分人先富裕起来。十几年的实践已经证明，实行这项政策对发展生产力，实现共同富裕有很大好处。第一，一部分地区、一部分人先富裕起来，总的说来是表明商品生产和商品流通的发展，表明社会财富和人民收入的增加，从全社会看也就是生产力的发展和产品总量的增加。第二，商品经济的渗透力很强，它的发展是会冲破地区、单位界限的。一部分地区、一部分人因发展商品经济率先富裕起来，不仅他们的经验能对全社会起示范作用，而且可以通过技术、资金、商品的流动，带动其他地区、其他人一起发展商品经济。第三，一部分地区、一部分人先富裕起来，国家可以从中增加税收，还可以腾出手来，集中力量帮助落后地区发展经济文化。这对全社会的发展，无疑是很有利的。当然，实行这种方法时，要本着积极稳妥的原则进行，既要调动各自的积极性，又要避免削弱发达地区的活力。

在允许一部分地区、一部分人先富起来的同时，也要采取措施，防止收入上的过分悬殊。我们是社会主义国家，一方面要注意提高社会效率，另一方面也要注意社会水平。在一部分地区、一部分人与另一部分地区、另一部分人之间收入过分悬殊，既有悖于社会公平原则，也容易引起矛盾，不利于社会安定。另外，由于我国的经济体制改革尚未完成，在价格和资金分配等诸方面还存在很多问题，因此，人与人、地区与地区之间在竞争上的条件并不平等，如果完全按劳动最终结果来决定分配，也就必然存在很多不合理的因素。这就要求我们采取措施，对过分悬殊的收入加以必要的调节。要尽可能做到在地区内、行业内、单位内，适当拉开收入差距，更好地贯彻按劳分配的原则，调动人们的生产积极性。

总之，走社会主义道路，就是要逐步实现共同富裕。共同富裕的有效途径就是进一步加大改革开放力度，继续贯彻一部分地区、一部分人先富起来的政策。只要全国各族人民团结奋斗，共同努力，共同富裕的目标一定会实现。

坚持共同富裕，是我党带领全国各族人民高举邓小平理论伟大旗帜，坚持"三个代表"重要思想，坚持科学发展观建设社会主义的一个重要原则。共同富裕不仅仅是社会主义的本质，也是社会主义要实现的一个伟大目标。在社会主义市场经济发展的道路上，坚持共同富裕又具有着一定程度的理论内涵。坚持走共同富裕的道路，可以让我们在改革的进程中少走一些弯路，少经历一些挫折，因为只有坚持共同富裕，才是符合广大人民群众根本利益的，才是符合社会主义建设的根本原则的。

二、共同富裕是和谐社会的必要条件

和谐社会概念，是我们党在建设社会主义市场经济的过程中，高度总结和提炼社会主义理论，针对我国的基本国情而提出的。从共同富裕到和谐社会，不得不说是我党在率领全国各族人民在社会主义建设的征途上，高瞻远瞩，深刻总结而实现的理论突破。尤其是邓小平的关于实现共同富裕的相关理论和实践总结，更是一笔宝贵的财富。下面我们来分析一下党的相关政策和理论是如何将共同富裕的思想提高到和谐社会的高度的。

首先，和谐社会是一个能让全体社会成员实现自身价值，实现每个劳动者全面地、自由地发展的社会形态。在这一社会中，每个劳动者都能够最大限度地发挥自身能力，实现自身价值，为社会贡献自己的力量。在过去，我国的生产力水平比较低，人均收入更是远远地被西方国家落在身后，在这样一个生产力水平低，而且人均收入不高的国家，是很难实现人的全面发展的。邓小平正是看出了这一关键，提出了实现共同富裕的思想主张。而共同富裕这一社会主义建设的根本目标，正是为了实现人的全面而自由的发展。要想达到共同富裕的水平，我们还需要大力提高和解放生产力，发展生产力。为实现共同富裕创造一个理想的环境。只有这样，人的全面发展才有可能实现。

其次，从财富分配的角度来衡量，和谐社会和共同富裕一样，要求我们消除贫富差距。贫富差距不仅仅是制约我国当前经济发展的问题之一，也是我们将来很长一段时间内要克服的难题，更是制约我们实现共同富裕的阻碍。贫富差距，不管是在西方国家还是在社会主义公有制的中国都一样存在。这种存在的必然，在西方国家是由于生产资料私有制决定的。而在中国则是由劳动者的先天劳动水平决定的。要实现从共同富裕到和谐社会的跨越，必然要消除贫富差距。因此在邓小平的先富带动后富的理论中，就存在着弥补劳动成员劳动水平差异的思想。这种差异带来的收入水平的不同，可以依靠后天的其他手段进行弥补从而在根本上消除。

最后，和谐社会体现出我党以经济建设为中心的指导思想的理论升华。我们一直强调，建设社会主义社会，就必须要解放生产力发展生产力，消灭剥削，消除两极分化。这些都是从经济建设的角度来考量问题的，在过去我们坚持以经济建设为中心的方针下，为了尽早改善人民生活水平，几十年来一直在经济建设的道路上不断前进，锐意进取。随着经济的发展，人民生活水平的提高，我党认识到，不能把执政思路停留在发展经济的阶段，要让全社会人民从根本上意识到我们社会主义的优越性。而"和谐社会"概念的提出，正好圆满地为我们提供了新时期的战略目标。而"和谐社会"概念本身，也是社会主义根本目的的体现。可以说，和谐社会不光是共同富裕思想的深化，也是我们对马克思科学社会主义认识的一次飞跃，更是在新世纪我们社会主义建设事业的新目标。

我党执政思想从共同富裕深化到和谐社会，可以说，是对马克思科学社会主义的新发展，是我党坚持与时俱进，坚持改革发展的新高度。马克思主义理论本身也是与时俱进的，是不断完善和向前发展的，是不断变化的。僵化地、片面地认识马克思的科学社会主义理论，没有办法真正带领中国人民走向共同富裕，更不可能走向和谐社会。而随着马克思主义在中国的不断演进和发展，中国化的马克思主义越来越体现出它的优越性。人民生活水平不断提高，我国的综合国力不断加强，中国人民的自信心空前高涨，这些都和我党坚持走社会主义道路密不可分。也只有在坚持社会主义的道路下，我们才能全面实现人的自由发展，实现人与自然的和谐相处，走可持续发展的道路，并最终实现共同富裕，走向和谐社会。

三、共同富裕是社会主义的最终目的

人民群众的根本利益，是我们建设社会主义，巩固和发展社会主义的出发点和归宿。邓小平正是着眼于人民群众的根本利益，一切为了人民的根本利益，把共同富裕确定为社会主义的根本原则和最终目标，这是邓小平对科学社会主义的新发展。邓小平指出，社会主义"就是要逐步实现共同富裕"。实现共同富裕是社会主义的本质要求，是广大人民的普遍愿望。共同富裕，第一，有个先富后富的问题，不可能大家同步富裕；第二，即使大家共同富了，还应是有差别的，不是搞平均主义，不然社会经济的发展就没有动力了。他提出要让一部分人先富起来，然后带动和帮助其他人、其他地区走向共同富裕。正如恩格斯1895年3月在给倍倍尔的信中说，在国与国、省与省，甚至地方和地方之间总会有生活条件方面的某种不平等的存在。这种不平等可以减少到最低限度，但是不可能从根本上永远地、完全地消除。邓小平要求我们全党全国各族人民在实现共同富裕的道路上，要科学地把效率与公平有机地结合起来，既要承认收入分配上的差别，反对平均主义，同时又要把共同富裕的实现和一部分先富有机结合在一起。贫穷不是社会主义，平均主义也不是社会主义。

我们实现共同富裕，要解决资本主义制度下生产的社会化和生产资料私人占有的矛盾。我们要实行生产社会化和劳动者共同占有生产资料相结合。而共产主义社会的基本特征之一就是物质财富极大丰富，消费资料按需分配。进入共产主义社会是我们的崇高理想，其出发点是为了祖国、人民的利益乃至人类的解放。崇高理想对人生、对社会有着重大的指导作用和促进作用。首先，它是社会进步的助推器。其次，它是我国民族团结、共同奋斗的精神力量。最后，它还是人生的精神支柱。既然崇高理想对人生、对社会具有重大作用，那么我们就应该树立共产主义的崇高理想，把自己的一切同祖国、同人民、同人类的命运永远结合在一起。

在整个人类发展史上，人类对理想的追求经过了漫长道路。在我国古代《诗经》中，就有奴隶们对不合理现实的控诉和对"乐土"、"乐国"的向往和追求。《礼记·礼运》设想了"老有所终，壮有所用，幼有所长，鳏寡孤独废疾者皆有所养"的"大同"社会；东晋著名诗人陶渊明在其不朽名篇《桃花源记》中，勾画了一个"黄发垂髫并怡然自乐"的世外桃源；历代农民都曾提出自己所追求的社会理想；近代康有为写的《大同书》，为人们展现了又一幅"大同世界"的图画；近代空想社会主义者提出过许多有价值的主张和思想。由于历史条件的限制，他们不可能都认识到社会发展规律，他们提出的社会理想也不可能是科学的。19世纪40年代，马克思、恩格斯集中了人类一切先进思想的优秀成果，吸取了历史上劳动人民和进步思想家的理想的积极因素，特别是批判地继承了空想社会主义的合理内容，总结了工人运动的经验，揭示了人类社会发展的客观规律，使社会主义、共产主义理想从空想变成科学。从共产主义理想的产生中，我们可以看到，共产主义理想并不是马克思、恩格斯凭灵感或推理发现的，而是千百年来人们探索、追求理想社会的合乎逻辑的发展，是在对人类探索成果批判继承的基础上形成的科学结论，因此它也是科学的。

生产力高度发达，社会产品极大丰富。彻底消灭了阶级、阶级差别，国家已消亡，实行"各尽所能，按需分配"。全体社会成员都具有丰富的科学文化知识和高度的共产主义思想觉悟，把生产劳动作为生活的第一需要。这些都是共产主义理想的内容。共产主义理想是人类最崇高的理想。共产主义理想代表和反映了广大人民群众的利益，而不是为了少数人，更不是为剥削、压迫者谋利益，而是要为全人类谋利益，使全人类过上美好幸福的生活。因此，它是人类历史上最崇高的理想。共产主义理想是人类最进步的理想，在未来的共产主义社会，生产力高度发展，社会产品极大丰富；彻底消灭了阶级和阶级差别，国家已经消亡，全体公民都具有高度共产主义觉悟和丰富的科学文化知识，把劳动作为生活第一需要，实行"各尽所能，按需分配"。从马克思对未来的描述中，无疑也让我们感受到共产主义社会是人类历史上最美好、最进步的社会。共产主义理想是人类最科学的理想，从人类社会的发展过程中，马克思看到人类社会内部的生产力和生产关系的基本矛盾是推动社会发展的根本原因。生产力决定生产关系，生产关系一定要适应生产力的发展状况，这是制约人类社会发展的基本规律。但是，生产的社会化与资本主义私人占有制之间的矛盾，却始终是资本主义社会的基本矛盾，而生产力的不断发展，就要求调整或变革生产关系与之相适应，资本主义社会生产社会化所形成的生产力的高度发展，要求生产关系作这样的调整，即社会占有生产资料和劳动成果。而以私有制为基础的资本主义生产关系不可能进行这种调整。因此，只有废除资本主义私有制度，建立以生产资料公有制为基础的社会主义生产关系，才能解决资本主义的基本矛盾，为生产力的高度发展开辟更为广阔的前景。所以资本主义必然灭亡，社会主义、共产主义必然胜利，是不以人的意志为转移的客观规律。社会主义、共产主义理想是建立在这一科学分析基础上的必然结论。它既不是人们的美好愿望，也不是空想社会主义那种"头脑中产生出来的"主观想象，而是人们对于未来社会的发展趋势的科学预见。

长期以来，全世界的共产主义者为了实现共产主义理想，进行了不屈不挠的英勇斗争和大胆的探索。从1917年的俄国十月革命到二战后，包括我国在内的一批国家，都进行了实实在在的共产主义运动，尽管有时共产主义运动遭受严重挫折，但是，共产主义运动在世界上存在并向前推进，这是不可否认的客观事实。所以，共产主义理想绝不仅仅是一种理论或设想，更不是虚无缥缈的"未知数"，而是一百多年来共产主义运动的实践证明了的客观真理。因此，共产主义理想是人类最崇高、最进步、最科学的理想。共产主义理想是我们的最高理想。

我们坚信，人类社会必然走向共产主义，共产主义理想一定会在全世界实现。同时，我们也必须看到，实现共产主义是一个非常漫长的历史过程，需要经过若干历史阶段。在我国，建设中国特色社会主义的任务异常艰巨。现在，我们还处于社会主义的初级阶段。在社会主义初级阶段，我国人民的共同理想是建设中国特色社会主义，把我国建设成为富强、民主、文明的社会主义现代化国家。

共产主义社会最重要的条件之一，就是生产力的大力发展。所以我们要紧抓"经济建设"不放松。但同时还要抓精神文明建设，如果不抓，要么经济建设搞不上去，或者也可能背离共产主义方向。所以我们坚持大力发展生产力，两手都要抓，两手都要硬，正是表明了我国的经济建设是沿着共产主义方向前进的。

我们应该看到的是实现共产主义是不可能超越社会主义发展阶段的，马克思把共产主义社会划分为低级阶段和高级阶段，列宁分别把这两个阶段称为社会主义社会和共产主义社会。正确把握社会主义和共产主义的关系就要求我们一方面必须看到二者之间的内在联系和本质上的一致性，看到它们总体上同属一个社会形态；另一方面也要看到这两个阶段在发展程度和成熟程度上的重大区别。社会主义是共产主义的低级阶段，也是实现共产主义的必由之路。为了最终实现共产主义，必须坚定不移地走社会主义道路。

四、共同富裕是社会主义的唯一道路

中国是在经历了百年屈辱之后，由一个封闭、愚昧、落后的半殖民地半封建社会进入社会主义社会的。经历了漫长的战争，被压迫、被奴役的中国人民在进行了艰苦卓绝的奋斗和付出了巨大牺牲之后，迎来了社会主义的曙光。但是在社会主义新中国刚刚成立的初期阶段，我国的经济基础十分薄弱，有统计数据可以表明这一点。

1949年我国的农业人口占全国总人口的82.6%，农业产值占工农业总产值的70%，农业生产资料购买额仅占社会商品零售额的4.8%。在农业内部结构上，种植业占82.5%，林牧副渔业仅占17.5%。在种植业中，按产值计，粮食作物又占绝大比重，经济作物分量较小。全国人均占有粮食209公斤，棉花0.8公斤，油料4.8公斤，生猪0.11头。1949年我国钢产量15.8万吨，是美国的0.2%、日本的5%，不到世界的1‰，按人均算不过0.25公斤多。1952年我国的工业水平实际低于1800年的英国、1890年的法国，接近于1910年的俄国，如果按人口平均，只及英国18世纪后期的水平；城市职工809万人，只占全国劳动力的4.5%；现代工业在国民经济中的比重只占10%。1949年的中国与西方国家的差距大体为100年至200年间。当时我国人均原煤量为59公斤，落后于法国119年、德国109年、英国250年左右、美国160年以上。人均生铁0.46公斤，落后于美国190年、法国和德国160年、英国210年。人均钢产量为0.29公斤，落后于美国89年、德国94年、法国106年、英国120年以上。人均水泥产量为1.22公斤，也都落后于这些国家70年至120年左右。

在这样一个经济实力非常贫弱而又面临着相当大国际外

部环境压力的情况下，我们在建国初期正应该大力发展生产力，解放生产力，让老百姓的生活富裕起来，集中精力搞经济建设。然而社会主义建设在建国初期却经历了外部战争、被国际舆论包围、经济封锁种种威胁，进而又遭受了一次次的内部社会政治动乱以及"文化大革命"和各种经济困难的打击。让全国人民在热情高涨要建设社会主义新中国的最佳时机，由于内部和外部的原因，失去了发展的黄金机会。人民生活水平比较建国之前并没有发生质的飞跃，甚至一些地方由于政策的影响加上本身生产力发展水平有限的原因，常年出现吃不饱、穿不暖的现象。

在改革开放以前，由于我国在建国后一直奉行的是重工业优先的发展战略，为了给重工业建设筹集资金，国家实行的是以牺牲当前消费为手段的高积累政策。1957—1978年22年间，全民所有制单位职工名义工资由637元增加到644元，仅增加7元。就实际工资而言，1978年仅为1957年的85.2％，22年间减少了14.8％。若就实际消费量而言，全国平均每人每年消费的主要消费品，1978年与1957年相比，除猪肉与食糖略有增加外，粮食由203.06公斤降到195.46公斤，食用植物油由2.42公斤降到1.60公斤，牛羊肉由1.11公斤降到0.75公斤，家禽由0.50公斤降到0.44公斤，水产品由4.34公斤降到3.42公斤。总体而言，农民家庭平均每年纯收入由72.95元增加到133.57元，年均仅增加2.9%。而居民的消费水平共提高47.5%，平均每年仅增长1.8%。居住条件恶化。1978年城镇居民的人均居住面积仅为3.6平方米，低于1952年的4.5平方米。农村居民平均每人使用房屋面积，1978年为10.17平方米，比1957年少1.13平方米。在生活服务条件上，每万人拥有的零售商业、饮食、服务网点及其从业人员，1957年分别为41.81个，117.17人，到1978年则减少到13.04个，63.14人。这给居民生活带来极大不便。文化、教育、卫生状况有所改善。1978年与1957年相比，各级各类学校及其教师、在校生、毕业生，各类文化事业单位及其人员数都有增加，但实际文化教育水平下降。报纸杂志拥有量虽有所增加，但品种急剧减少，内容单一、刻板。文艺团体表演的内容更是单调。

从总体上说，1957—1978年，居民物质文化生活水平处于徘徊、停滞状态，经济增长给社会带来的福利水平很低。根据联合国统计数据表明，1984年我国人均国民收入折合为美元，在世界150多个国家和地区中仅仅排在120多个国家之后，而与此同时的日本、瑞士、美国的人均国民生产总值分别是我国的27倍、32倍和43倍，而且我们同西方发达国家的差距仍然在不断地扩大。经济发展水平滞后，居民收入水平极为低下，生产力发展水平低，增长速度慢，人民生活质量没有明显改善，社会主义建设几乎停滞。因此，经济落后，生产力不发达，人民生活水平低下是中国共产党要首先解决的问题。

那么社会主义的中国应当如何走向共同富裕？我们实现共同富裕应该走一条什么样的道路呢？首先，在当今世界，要想实现富裕，有两条道路。一条道路就是西方国家的资本主义社会中，以生产资料私有制为基础，以资本家剥削压迫劳动工人，攫取剩余价值为手段的两极分化的资产者富裕。另一条道路就是社会主义道路，就是在以公有制为基础的前提下，让人民群众成为国家的主人，全体人民共同享有物质生产资料，充分发挥人民当家做主的劳动积极性，通过社会主义市场经济各项灵活有效的政策，通过市场的竞争机制、价格机制和供求机制来实现资源的优化配置，使劳动者与生产资料有机地结合起来，让劳动者成为自己劳动的主人，消除劳动的异化，能够让全体劳动人民公平地享有全社会的物质产品，从而大大促进社会财富和个人财富的积累。因此社会主义的富裕道路，才是一条每个劳动人民都可以富裕的道路。

中国只能走共同富裕的道路，这不单单是我们社会主义的生产资料公有制决定的，也是我们坚持改革开放，坚持全社会平等享有社会财富，满足最广大人民根本利益的社会主义本质的体现。如果我们违背了共同富裕的方向，为了快速实现富裕而忽视了广大人民群众的共同利益，为了一些蝇头小利而忽视了全局，那么将会使社会主义建设的道路走向曲折。事实证明，只有坚持邓小平的共同富裕思想，坚持社会主义，我们才能够实现共同富裕。如果我们照抄照搬西方资本主义制度的模式，为了突出发展速度而置人民利益于不顾，通过剥削人民，压迫人民，强迫人民劳动，攫取剩余价值的手段让一些人富了起来，那么这也是与人民的根本利益、根本愿望相违背的。

一个典型的例子是印度。印度同中国一样，是一个历史悠久，有着上千年文化的古老国家，它也经历了殖民主义和世界大战的炮火，人民也在战争中受尽了苦难。第二次世界大战结束以后，印度也走上了和平发展的道路，但是与中国不同，由于印度的国情和中国有差别，因此种种原因让印度走上了发展资本主义的道路。同样经过了几十年的发展，不可否认，印度已经成了亚洲乃至世界上一个非常重要的国家，其电子计算机技术和一些领域的高科技人才，在全世界都享有盛誉。而与它的成就不相符合的是，在印度取得了一些成就的背后，凸显着本国贫富差距悬殊，等级制度森严，数亿劳动人口生活在极端贫困的条件下。2011年，印度3.72亿穷人，有26%的人生活在贫困线之下。最大的城市、金融中心孟买，人口1800万，其中900万人，即全市人口的一半是住在贫民窟里。首都新德里人口1300万，住在贫民窟里的人口就有316万，比10年前增加了85万。60多年来，印度有极少数发财致富的资产者，他们的富裕程度不亚于西方发达国家的富豪，但是至今仍然有数亿劳动者生活在贫民窟中。而中国在坚持社会主义、坚持共同富裕的思想下，已经基本解决了全国人口的吃饭问题，解决了全国大部分人口的贫困问题，而且随着日后我们社会保障体系的完善以及人均收入水平的提高，老百姓的生活质量还会提高，生活会更加美好和富足。而这一切全都是我们坚持共同富裕的思想得来的。中国今天实行改革开放的方针政策，必须要坚持共同富裕的原则，走共同富裕的道路，不然只会使我们的改革走向失败。

第二章　中国古代共同富裕观

　　共同富裕这个概念，从经济学的角度分析，包括两层含义。其一，从物质财富的占有角度来说，要使人民达到一个富的阶段，也就是说，生产力水平要达到一定的阶段，物质财富生产要实现一定程度的积累。其二，从产品分配的角度来说，要满足共同的要求，即全社会全体人民都能够从物质产品的分配中满足自己的需求，不会出现分配的不均。

　　因此，在古代社会，尤其是在中国的古代社会，古人也只能对共同富裕的基本观念有一个浅薄的认识，存在着一定的思想局限性。这种思想的局限一方面是由古代落后的社会生产力决定的，一方面又是由于古代社会的阶级性决定的。我国古代的伟大思想家对如何实现共同富裕并没有提出明确的指导思想，由于其历史的局限性，他们只能站在统治者的立场为君王提出改良的意见或者站在劳动人民立场上提出剥削的根源，而终究没有科学地阐述什么是共同富裕。不过我国古代思想家中仍然不缺乏对共同富裕这一概念的探索，其中，比较有代表性的就是古代儒家思想中关于"大同社会"思想的认识和探索。

第一节　大同社会思想

一、"大同"的含义

要想弄清楚什么是大同社会，它和我们提出的小康社会、和谐社会又有哪些不同，我们就必须要明白"大同"的含义。

我们要明确大同思想是我国传统文化中的一种重要思想。自古以来，大同思想作为儒学思想的一个伟大成就，一直根植于我们中华民族的思想深处，可以说，大同思想对中华民族的影响是非常大的。那么什么是大同呢？"大同"一词，在古代有这样几种含义：

它代表天地万物融合为一。《庄子·在宥》中说："颂论形驱，合符大同，大同而无己。"

它代表战国末期至汉初的儒家学派提出的一种理想社会，《礼记·礼运》中这样写道："大道之行也，天下为公，选贤与能，讲信修睦。故人不独亲其亲，不独子其子，使老有所终，壮有所用，幼有所长，鳏寡孤独废疾者皆有所养；男有分，女有归。货恶其弃于地也，不必藏于己；力恶其不出于身也，不必为己。是故谋闭而不兴，盗窃乱贼而不作，故外户而不闭，是谓大同。"这种含义的大同思想是从社会学的角度来阐述的，是一种社会理想，这种大同社会思想是我国古代儒家思想所宣传的人类理想社会的最高境界。在这种大同社会中，全社会的一切，包括物质财富、公共权力都是归全体人民所有的。这种权力公有的口号就是天下为公，具体就是社会的管理者是百姓选举出来的贤能的人才，例如，古时候的尧、舜、禹。而权力的公有就意味着这些被推选出来的管理社会的人既能被推选，也能被罢黜，这样才能保证权力真正的公有。这说明当时人们对于权力与私有财产的关系认识方面已经达到了一定的高度。权力的公有，才可能实现财富的公有和其他方面的公有。因此这种天下为公的思想，从一定程度上具有进步性，因为它反对的是封建专制的王权，是对阶级统治者权力的一种挑战。

"大同"一词在古代还表示国家的统一。《颜氏家训·风操》："今日天下大同，须为百代典式，岂得尚作关中旧意？"这里的"大同"指的就是国家统一的概念了。

因此我们可以认为古代大同思想也存在着一种历史的演变过程，主要可以分为以上这三种思想。这三种思想的提出时间大约都是在战国至秦汉时期，经历了从春秋到战国的几百年的战乱纷争，逐渐产生了一种统一的大同思想。

那么在传统文化中大同思想又具有哪些特征呢？我们可以简单地归纳为以下几个方面：

第一，大同思想是一种社会理想。从古人的文献中我们可以看出，古代的大同思想虽然包含着一些政治层面的内容，但是从总体来看，它仍然是一种对美好未来的设想，是对社会未来发展的一个愿望，它侧重于在全社会、全体人民的个人道德修养的变化和社会安宁，良好的社会风气的塑造。因此，从整体上来看，它是一种空想的社会思想。由于这种空想的社会思想本身并不存在其发展成熟的社会条件，因此使得这种社会空想始终没有办法走向真正的、科学的共同富裕的方向。纵观传统文化中大同思想的历史发展的进程，它是作为一种独立的思想体系而存在的，它并没有随着历史长河的演变而逐渐融化于古时的传统的政治文化结构中，而是站在了封建社会、封建统治者和封建帝王思想的对立面，对古时候人民生活疾苦和贫富差距悬殊等问题进行了批判和否定，成为当时人们反抗封建专制统治的一种思想武器。也正因为如此，这种大同思想也不可能适应封建统治的需要，只能作为一种人们对于美好社会的期盼和愿望，脱离实际的存在。

第二，大同思想有着一定的进步性。大同思想产生的年代正是我国奴隶制向封建社会过渡及封建社会刚刚确立的一段时间内。而社会制度的变革时期，往往也会迸发出一些思想的火花。大同思想，作为秦末汉初的一种儒学的社会思想，是人们在当时的社会背景下，在当时受剥削受压迫的苦难中，难能可贵的一种对未来、对生活的期盼和愿望，是广大穷苦人民心中的希望。有人认为大同思想是对过去存在的一种社会形态的向往，是一种复古的倾向，是历史的倒退，因而是消极的。然而我们在当时特殊的历史时期，认为人们有一种可以寄托的美好愿望，在一定程度上反映了被压迫者的愿望和要求，并不能算是一种复古的思潮，而是借用对过去社会的怀念，来宣扬自己的社会理想。因而大同思想应该是一种进步的思想。大同思想在政治上要求天下公有，选举贤能；在经济上，它要求每个人都要劳动，都要为社会贡献自己的力量，以劳动为光荣，以不劳动为羞耻；在社会道德上，它要求人们能够互敬互爱，互相关怀；在社会秩序上，它又要求人们遵守路不拾遗、夜不闭户的行为准则。这其中的一些思想，显然已经大大超出了原始共产主义社会所能够达到的范围。但是，它在传统社会中的进步意义，仍然能够给我们现在建设社会主义和谐社会，实现共同富裕的伟大战略提供宝贵的经验。

第三，大同社会中，生产资料是公有的，大同社会是一种生产资料公有制的社会形态。这一点是极为重要的。因为在古时候，在奴隶社会晚期和封建社会的早期阶段，人们对于自身受剥削、受压迫的现状常常把原因归咎于命运。他们在过去的历史时期，不明白造成自身贫穷困苦的根源是私有制。而大同思想让人们明白了，生产资料的私有制是造成自己苦难的根源。因此在大同思想中，人们各尽其力，尽可能地为社会多提供劳动，正所谓货不必藏于己，劳动力不必为己，也就是生产成果和社会财富均能够为社会成员共享，没有任何的私有观念。可以说，提出生产资料公有的概念，是大同思想最为进步的内涵所在。这种对生产资料公有，进而能够公平地分配社会财富的思想，对后世各种均贫富思想的产生和发展，以及包括用暴力手段实现均贫富设想的农民起义、农民战争，都起到了一定的促进作用。大同思想提到的生产资料公有制设想，在其思想本身提出了若干个世纪之后，也一直未能够实现，直到俄国十月革命的胜利，在全世界的范围内第一次成立了社会主义生产资料公有制的国家，才第一次实现了这千百年来我国古人期盼已久的社会愿望，而这更加体现了古人思想的宝贵，更加突出了大同思想在我国传统文化中的重要地位和可贵的实践价值，从根本上体现了大同思想和共同富裕之间关于生产资料公有制的相同之处，决定着古人对共同富裕思想的研究，已经在生产资料所有制的层面，达到了一定的理论高度。

第四，大同社会中，代表人民治理社会的贤能是人民选举产生的，是代表民意的。人民拥有选举和罢免社会管理者的权力。在大同社会中，没有暴君和贪官，所有社会公职人员都是具有良好的个人修养和高尚的道德情操的，也只有这样的人才具备管理社会的资质，而一旦被选举为社会的管理者，那么他们也将会受到社会群体的约束，做人民的公仆。这种任人唯贤的设想在当时看来也是具有进步意义的。因为在我国古代，官员治理国家是需要进行层层选拔和考核的，而封建地主阶级凭借着其世袭的贵族身份，天生就具有管理土地、做一方之主的资格。因此难免会出现一些治国无方、昏庸无道的封建地主。而大同社会中，只要是贤能的人才，不论出身卑贱与否，都能够被人民选举出来担任地区的管辖者。这种打破旧思维，把治理国家的权力真正交给人民大众自身的设想，也具有相当程度的进步意义。

第五，大同社会中，人与人之间有着讲信修睦的和谐人际关系。人与人之间相互信任，相互关心，"不独亲其亲，不独子其子"，人人平等，不分等级贵贱。这种与人为善，与人为睦的和谐人际关系，是人们对于大同社会普遍存在的人际关系的一种美好设想。在我国古代，由于儒家思想的创立和熏陶，人们对于道德、廉耻、礼仪等价值观格外重视，因此对于社会上一些违反人们普遍接受和尊重的价值观念的现象，抱以反对的态度居多。因此大同思想中，对于人与人之间关系的重要性，作了理想化的阐述。这种人与人之间良好的社会关系，能够消除人与人之间的隔阂和矛盾，将社会矛盾减少到最低甚至完全消除，可以说是一个非常理想化的状态。即使放在几千年后的今天，世界上也没有任何一个国家可以做到这一点。而且大同社会要求人人平等，不分高低贵贱，在权力和利益分配面前是绝对平等的。这在当时等级制度森严的封建社会，提出这样一种反抗权威、反抗等级制度的想法，具有划时代的革命意义。这种人人平等的思想，必然要将大同思想和封建社会王朝统治者的思想相互对立起来，也必然要将大同思想同之后农民战争的一些均贫富的思想联系起来。人人平等的重要意义还在于它从根本上否定了封建王朝贵族统治者统治地位的权威，让老百姓也产生了"王侯将相，宁有种乎"、"江山轮流做，何时到我家"的反抗思想，为今后的农民斗争，奠定了一定的思想基础。

第六，大同社会中，百姓生活安居乐业，自得其所，每个人都可以享有社会的物质财富，每个人的生活都能得到社会的保障。在一个"天下为公"的大同世界里，人人敬老爱老，人人爱子爱幼，无处不饱暖，无处不均匀。在这样一个理想社会中，"鳏寡孤独废疾者皆有所养"，每个人都能得到社会的关心，人人都能够无忧无虑地自在生活。这种早期的关于社会对每个人的关爱和保障的思想，可以作为我们传统文化中，对于社会保障的构想。在一个人与人互相关爱的社会中，这种社会保障的实施主要靠社会道德，靠人和人之间的良好关系来实现，并没有具体落实到某一项社会政策和制度，完全是依靠一种人们自身主观的意愿来实现的。虽然这种依靠主观意愿来实现社会保障的想法和我们现在提出的关于社会保障的构建有着巨大的差别，但是这种构想在当时看来仍然是进步的。在当时那种"普天之下，莫非王土，率土之滨，莫非王臣"的思想背景下，在君权神授的封建传统意识下，人们能够提出依靠自身道德和社会风尚，来保障每个社会成员的利益，让社会充满关爱，而不是指望由封建统治者施舍，靠封建统治者大发慈悲，说明我国当时的古代思想家对于人治思想的看重。虽然在当时没有办法提出一些制度和政策方面的设想，不过那也是因为有一定的历史局限性的原因。

综上所述，在古人的大同思想中，生产资料的公有制，按劳分配的分配方式，人人享有社会财富，人人平等，以及"老吾老以及人之老，幼吾幼以及人之幼"的社会保障思想，都和我们现在提出的共同富裕思想有着相似之处。但是，古人的大同思想毕竟是几千年前基于生产资料私有制的生产关系上确立起来的一种美好的社会理想。

二、大同思想与共同富裕思想的异同

我们现在提出建立社会主义和谐社会，实现共同富裕的战略思想，和古人的大同社会的思想也确实存在着一些异同，不能将大同思想的人人富裕观念同我们现在的共同富裕思想等同起来，我们务必要加深对共同富裕思想的认识，明确二者的相同点和不同点。

首先，儒家思想的大同社会与我们现在要构建的和谐社会都是以人为本的社会。"人不独亲其亲，不独子其子，使老有所终，壮有所用，幼有所长。"这里大同思想始终关心的是整个社会的福祉。而儒家思想中，造福大众、德济百姓的行为一直是人们讴歌和夸赞的对象。而我们构建和谐社会，实现共同富裕也是为了广大人民群众的根本利益的，也是为了全民族全社会的幸福而努力的，因此二者在社会群体的利益面前，都是积极的争取者和实践者。不同之处在于，在儒家思想的大同社会中，人们依靠彼此，互敬互爱，互相关怀，是整个社会的良好风气和道德传统以及人的自身修养和品德让每个社会成员都可以得到别人的帮助，使每个人在社会中都不孤单，都能彼此照顾，充满温馨，充满关怀，充满希望。这种把社会和谐的希望寄托在百姓和社会道德传统基础上的思想，有着其特殊的历史局限性，而我们建设社会主义市场经济，完善市场结构，通过市场机制对资源进行合理配置，完善所有制分配方式，大力提高居民收入种种做法，其目的都是为了实现共同富裕，而我们当前实现共同富裕的最大保障不是人们的自身素质，不是社会的传统美德，而是依靠良好健全的法制规范，完善的分配秩序，健全的市场机制。也就是说，古人大同思想的人人富裕依靠的是人人自身的约束和社会道德的规范，而我们当前实现共同富裕的条件则是有效的管理机制、监督机制、市场准则和分配秩序。前者是一种主观的想法，后者是一种客观的存在。因此在实施上，我们可以说，在社会主义市场经济条件下实现共同富裕，是更有效率、更具有先进性的。

其次，大同社会是古代中华民族对于美好社会的向往，有着非常广泛的群众基础，是广大劳苦群众对理想社会的美好愿望。实现共同富裕也是我们当前华夏儿女为了实现全民族的伟大复兴，高举邓小平理论伟大旗帜，坚持"三个代表"重要思想，坚持科学发展观所进行的社会主义改革。实现共同富裕，也是当前全国各族人民、全体劳动者通过自身的勤劳和付出，所希望实现的终极目标。可以说这二者都是我们劳动人民对于未来美好生活的期盼，有着共同的价值取向。

但是，从细节看来，大同社会的人人富裕和我们将来所要追求的共同富裕仍然有着质的区别，这是必须要清醒地认识到的。这是因为，大同社会的人人富裕，是建立在封建社会的土地私有制的基础上的。在大同社会的思想中，人人安居乐业，自得其乐，老有所养，幼有所长，是一种典型的、传统的农业公有制经济。这种传统的农业公有制经济代表着农耕时期农民的一种财富观念，它反映了小农经济时代的一种理想化的财富平均分配的思想，也就是传统的"均贫富"的思想。这种小农经济为基础的均贫富思想，在中国古代封建社会有着很深的历史渊源，中国古代封建社会从诞生到发展再到结束，小农经济的这种均贫富思想一直贯穿于封建社会的整个历史阶段，而且其根深蒂固对后人的影响极大。

我们可以从历代王朝中涌现的各种农民起义的口号中明确地得到这一结论。例如，在北宋初年发生的王小波、李顺起义，他们就提出了"均贫富、等贵贱"的主张，唐朝末年黄巢领导的农民起义，也提出了"均平"的口号，最有名的要数清朝末年震撼全国的太平天国运动所提出的"天朝田亩制度"。这些口号或者制度，都是建立在小农经济的基础上，他们要求对社会财富进行平均分配，从而实现人与人经济上的平等，而经济上的平等，是人与人之间人格、身份、等级平等的基础所在。这也是古人追求大同思想追求人人富裕的一种思想体现。这种斗争的口号在当时非常具有吸引力，因此屡屡被用来作为斗争的集结号，严重打击了封建社会统治阶级的权威。但是究其根本，小农经济的均贫富思想并不能代表社会发展的动向，甚至它在某种程度上是阻碍生产力发展的。这是因为小农经济的均贫富，是一种农业公有制经济的产品分配，而未来社会发展的方向必然要摆脱小农经济的制约。而一旦离开小农经济的基础，那么这种均贫富思想就失去了依托的环境。我们当前要建设社会主义市场经济，既然是一种市场经济，我们就应该严肃地认识到，在市场经济中，生产要素要接受市场机制的调度，要实现生产最大化的原则，要接受要素分配的差异性。这种由于生产要素的差异带来的收入水平的差异，在合法和合理劳动的前提下，是符合社会主义市场经济分配秩序的，是我们应该提倡和支持的。而且我们必须承认这种差别的存在，才能体现市场经济的优越性，才可以实现资源的优化配置，从而调动广大人民群众的劳动积极性。这是市场经济的一条客观规律。而如果我们将大同思想的人人富裕和当代市场经济条件下的共同富裕等同起来，就会犯概念上的错误。而实际上均贫富这种小农思想的延续，在社会主义市场经济建设的今天，也在某种程度上阻碍了人民对于市场经济共同富裕思想的认识，这种固守宗法体制的传统的价值取向，实际上已经阻碍了我们发展经济，富国强民。因此我们必须要清醒地认识到这一点，从而加快我们实现共同富裕的历史步伐，只有这样才能早日实现共同富裕的伟大战略目标。

再次，古人的大同社会的思想，是立足于华夏文明自身的一种本土文化色彩非常浓厚的价值观念。可以说没有儒家思想就没有大同社会的思想，而儒家思想又是千百年来，世界文明发展的一个高峰。在传统的中国社会中，在封建时期，儒家思想几乎是我们先人所有价值判断的一个标准所在。"罢黜百家，独尊儒术"让儒家思想制约了中国人思想发展近千年之久。诚然，我们要说儒家思想有其非常积极的一面，对于维护当时封建社会的繁荣稳定，对于社会文化繁衍和发展都起到了一定的积极作用。但是由于儒家思想在过去被封建统治阶级用来作为僵化被统治阶级的思想工具，其本身也有一定的消极性。到了近代，这种消极性伴随着闭关锁国的政策被更加无限地放大了，使得中华民族不得不落在了西方社会的身后，更惨痛的是，付出了屈辱的百年历史的沧桑代价，才实现了中华民族的复兴。因此对于大同思想而言，其依附的思想基础就是儒家思想。而我们现在发展社会主义市场经济，是面向全世界的，在全球经济一体化，在世界经济一体化的过程中，我们需要聆听世界八方的声音，我们需要同世界上任何一个国家和地区的人们发展睦邻友好，发展经济。在这种互相联系、互相贸易的过程中，我们必须接受对方的文化、对方的习俗甚至是对方的待人方式，等等，而这些是我们不能够单独从儒家思想中获得的。可以说，在封建社会，中国许多年来一直是世界贸易的主要构成部分，因此对于自身思想体系的巩固和完善，对于他国文明和文化的轻视，是必然的。而现在我国面临着建设和谐社会的历史使命，肩负着实现中华民族伟大复兴的重担，我们更不可以闭目塞听，盲目地排斥别国文化和思想，正确处理好自身同其他地区人民的合作，加强联系，互惠互利。这一切正如西方著名的文化宗师罗素说的那样，不同文化的接触是人类进步的路标。也只有这样，我们才能早日跻身世界发达国家的行列，早日实现共同富裕。

三、大同思想为什么无法实现

既然我国古代的先哲已经明确提出了均贫富、天下大同的思想，但是这种思想为什么没有办法实践？理由主要有以下两点：

首先，在等级森严的社会时代背景下，古代先哲虽然能够提出先进的均贫富的思想，但是他们没有意识到在等级社会中，只要存在着等级差别，就存在着剥削和斗争，只要存在着剥削和斗争，就势必存在着利益分配的不均。因此在一个等级社会中，统治阶级和被统治阶级永远是矛盾的主体，他们之间的矛盾是不可调和的。我们永远也无法想象中国奴隶社会的奴隶主会想和奴隶一起富裕起来，埃及的法老也不会怜悯他的奴隶，更不会善待奴隶，帮奴隶致富。虽然我们不否认会有个别的奴隶主在如何对待奴隶的问题上是比较开明的，但是这种开明也仅仅是一定程度上的，他永远也绝对不会和奴隶站在同一个等级，为奴隶争求利益，因为他为奴隶征求而来的正是自己损失的。即使在近代社会，资本家和劳动者也不可能实现共同富裕，因为劳动者就是资本家剥削的对象，资本家通过延长劳动时间、提高劳动强度的手段从劳动者身上剥削和掠夺剩余价值，工人依附于资本家获得维系生活所必需的一点点劳动收入。基于这样的矛盾认识，我们可以得出这样一个结论，即在一个有着等级特性或阶级对立严重的社会中，是没有办法真正实现共同富裕的。这说明共同富裕必须有一个前提——在生产资料面前人人平等，人人都享有生产资料，人人都可以支配生产资料。而这些是在社会主义社会之前的任何社会形态中都没有办法满足的，因此只有在社会主义——即生产资料公有制的前提下，共同富裕才有可能实现。

其次，在古时候落后的生产力水平制约着大同思想的深化，使人们看不到共同富裕的希望。我们知道生产力决定生产关系，生产关系又可以对生产力产生反作用。生产力和生产关系的关系，是人类社会发展变革的根本动力。在过去的旧社会中，由于生产力水平不高，社会物质财富的供给很大程度上要面临着自然灾害、土地因素以及战争、社会变革的人为因素的影响，而且还存在着很大程度的剥削和压迫，因此老百姓的生活极端困苦。他们虽然提出了"均贫富"的口号，但是在孱弱的生产力水平面前，由于没有办法提供足够的社会产品以使每个人的利益都得到保障，满足每个社会成员的需求，因此产品的稀缺性会使人们首先考虑自身的利益而忽视他人的利益。这样就没有办法做到均贫富，更别提天下为公了。正所谓"兴，百姓苦，亡，百姓苦"，根本原因还是在于落后的生产力水平是没有办法与先进的生产关系相一致的，古人的思想虽然先进，但是它逾越了生产力水平这道历史的鸿沟，在冰冷的现实面前，没有实现的任何可能。因此只能是古人共同富裕思想的一种探索和梦想。

第二节　小康社会思想

"小康"一词，在我国古代就已经出现了。在我国先秦时期的诗歌总集《诗经》中，这样写道："民亦劳指，汔可小康。惠此中国，以绥四方。无纵诡随，以谨无良。式遏寇虐，憯不畏明。柔远能迩，以定我王。"这首诗是西周时期的召穆公为了劝谏当时的帝王周厉王实施治国安邦的方略，提出的一些建议，提醒他要安民防奸，要恤民爱民，保国治乱。这是"小康"一词最早的文献记载。这里的小康，指的是老百姓被沉重的徭役和赋税压得喘不过气来了，需要让人民休养生息。"小康"这一概念的提出，是我国古代奴隶制社会的一种对底层民众的体恤和关怀，和我们现在提到的建设小康社会的一种以发展经济，实现人民富裕的说法有着一定的区别。古代小康社会的提出是为了维持剥削阶级的统治需要的，是一种剥削阶级统治被剥削阶级的思想策略和工具。

一、小康思想观

古代的小康社会思想，它的发展是和大同社会思想联系在一起的。一个是小康，一个是大同。因此，小康社会代表的是一种初级的形态，是一种美好的理想社会的初级阶段，而大同社会则是一种高级的阶段，是一种纯粹的人治的理想境界。古人提到小康，也往往会将它同大同社会思想相提并论。例如，孔子认为，在我国原始社会，是一种早期的原始共产主义的社会形态，在这种社会形态中，财产是公有制的，谁有贤能谁就可以治理国家，人与人之间不存在着欺诈，人与人之间和睦相处，我为人人，人人为我。而相比较于天下为公的这种原始共产主义社会思想，在存在着私有制的封建社会早期，小康社会概念的提出正好为封建社会的统治者实施仁政提出了理论依据。这在我国的文献中也可以找到一些印证。例如，在《礼记·礼运》中，孔子说道："今大道既隐，天下为家。各亲其亲，各子其子，货力为己。大人世及以为礼，城郭沟池以为固。礼仪以为纪，以正君臣，以笃父子，以睦兄弟，以和夫妇。以设制度，以立田里，以贤勇知，以功为己，故某用是作，而兵由此起，禹汤文武成王周公，由此其选也。如有不此者，在势者去，众以为殃，是谓小康。"孔子的意思是说，现在的社会，人人都只爱戴自己的亲人，人人都为了自己而工作。人人之间交往的准则是礼，有了礼，那么君臣、父子、兄弟、夫妇的关系就都会变好，有礼，我们就可以制定法律规范，划分田地，住宅让农民耕作，尊重有勇有智的人，支持他们建功立业。以前的历代帝王，像大禹、成汤、周文王周武王等人，都是这样治理国家的。如果不这么做，那么谁的统治也不会长久，百姓都会遭到祸害。这种以礼记为纲常的治理国家的方略，就是小康。可见，小康社会有别于大同社会的一个显著特征，就是小康社会是一种以礼记为基础的社会安定发展的形态，人们生活在小康社会中，已经不再像大同社会那样人人为我，我为人人了。而是各为己利，以礼为纲，依法治国。如果大同社会强调的是天下为公，百姓对国家的治理有选择和罢免的权力，那么在小康社会中，"礼"则代替了百姓的这种任免权，成为国家治理的准则，有了礼，就可以维持国家政权和家庭、社会层面的伦理关系，约束人的行为。循礼则兴，背礼则亡。只要人们都可以按照礼的要求，那么就可以达到"老者安之，朋友信之，少者怀之"的一种理想社会的境界。在这种理想社会中，虽不及大同社会那种人人富足、社会和睦、天下为公的情景，但是，也描绘出了人们在礼的约束下，君臣和睦、人民富足、政治精明、安定有序的社会景象。因此小康社会虽然不如大同社会，但是在儒家思想中，小康社会仍不失为封建统治者追求的一种理想的社会境界。

二、小康社会的特征

首先，小康社会思想的核心，是孔子的"礼义"和孟子的"民本仁爱"思想。小康社会思想，提出在孔子，集大成在孟子。孟子在孔子的礼义基础之上，提出了以王道为指向的小康社会模式。孟子认为，小康社会的构建需要物质文明和精神文明两个组成部分。物质财富方面，孟子认为社会要安定，人民要生活，就必须让百姓有能够自给自足的物质生活来源，让他们能够维持日常的生活，有一定的财产，包括土地、桑树、家畜，等等。"五亩之宅，树之以桑，五十者可以衣帛矣。""百亩之田，勿夺其时，八口之家，可以无饥。"文化方面，百姓需要有最起码的教育来弘扬仁义思想，去学习礼仪纲常，懂得社会发展运行的规则。

其次，小康社会的政治诉求，体现在与民小康以建仁政，广施仁政以得天下。通过养民、利民、富民的方针达到治国、利君、得天下的目的。这种寄希望于统治阶级利用仁政的思想来治理国家，实现国家安定，百姓安居乐业的想法是一种站在统治阶级立场，为维护和稳定统治阶级利益的安抚思想。纵观我国古代封建社会，在经历了漫长的历史岁月中，这种维稳的思想方针，一直是我国封建统治者所推崇的。

最后，小康思想中，对于君王的欲望，提出了"无为而治"的主张。这是道家学派对小康思想的补充，道家学派认为，社会动荡的原因在于封建帝王永不满足的欲望，他们经常连年耗费大量的人力财力去修建华丽的宫殿，经常肆意挥霍国库的钱财，弄得百姓背上沉重的徭役和赋税，人民生活苦不堪言。因此他们提出了要求君王克制自己的物欲，主张无为而治。统治者不对物质欲望有所求，不任意妄为，不做劳民伤财的事情，国家就不会出现大的动荡，人民财富才能得到积累。这在一个侧面也对君王提出了一些早期的限制王权的设想。

三、古代小康思想和共同富裕的辩证关系

首先，古代小康思想是建立在封建社会的生产资料私有制的基础上的。前面我们详细论证过在一个存在着私有制的社会中，共同富裕是不可能实现的。只有在公有制的条件下，在人民平等地享有生产资料和生产机会的条件下，共同富裕才有实现的现实基础。私有制，不但制约着劳动人民的劳动积极性，造成了劳动者和劳动产品的异化，也造成了

社会财富分配不公平的现象，会加大社会的贫富差距，造成严重的两极分化。因此，即使是在古人眼中，强调"无为而治"的小康社会中，也必然会出现封建统治者和受剥削的劳动人民的巨大的贫富差距，只是在小康社会的背景下，人们都尊崇礼义，人民对君主享有的巨大财富也不会提出任何反对的意见，君王对百姓的贫穷也看作是理所应当。因为礼的出现，造成了不同的阶级对于各自在社会财富分配地位的认同，这样穷人也不会因为穷而反抗，富人也不会因为富而施舍。所以小康社会虽然是一个人民遵纪守法，君臣相安无事的美好的理想社会，但是这种理想社会是以财富分配不均衡为基础的，表面上的和谐并不能掩盖劳动人民生活水平的低下，并不能给劳动人民带来富裕。因此我们现在提出的小康社会，就是从满足最广大人民群众的根本利益出发，切实提高人民收入，尤其是农民收入，把占全国人口大多数的农村人口的收入问题解决了，我们实现共同富裕才可以具备坚实的物质基础，才有不断改革和发展的条件。

其次，古代小康思想确立了以礼义为核心价值观，以儒家思想为道德基础，以法家思想作为法律法规的社会形态。

它的重要意义在于，由于这种小康思想确立了礼义作为小康社会实现的基础，把礼义作为社会运转的一个尺度，礼运则昌，说明在小康思想中，对于维护社会稳定，需要有一种价值判断来作为一种约束。只有这样小康社会才能够实现。同样地，我们要实现共同富裕，也必须有一个完善的法律法规。在市场经济条件下，需要有一套完善的分配秩序，需要有完善的市场经济法规，更需要严格地维护法律的尊严，做到有法可依，有法必依，执法必严，违法必究。没有规矩则不成方圆，小康社会的实现基础是礼义，而共同富裕的实现，也需要这一系列法律法规为我们保驾护航。可以说，在这一点上，古人的小康思想和我们实现共同富裕的途径是一致的。

第三章　马克思主义的共同富裕观

第一节　空想社会主义者的共同富裕思想

如果说，共同富裕思想在古代中国就出现了萌芽的话，那么共同富裕思想在近代西方社会，得到了进一步的发扬和深化。可以说，在启蒙运动出现后的西方社会，共同富裕的思想已经从人们遥不可及的一种梦想演变成一种充满希望、充满幸福、吸引着人们为之努力奋斗的目标，虽然这种目标在当时看来仍然没有突破时代的局限性，但是西方学者对共同富裕思想的实践和探索仍然具有非常积极的现实意义。

西方对共同富裕思想的实践和探索，主要体现在西方空想社会主义的范畴。西方的空想社会主义，又叫作乌托邦主义，是诞生于资本主义社会确立初期的一种社会主义思想学说，它是马克思主义产生的重要前提。持空想社会主义思想的学者通常认为，乌托邦的美好社会是可以通过人民的辛苦劳动而最终实现的。这种思想最早可以追溯到托马斯·莫尔的《乌托邦》一书。在书中，托马斯·莫尔对私有制进行了无情的批判，他把当时英国盛行的圈地运动，形象地称之为羊吃人的运动，把英国比喻为羊吃人的社会。他认为圈地运动的结果必然加剧贫富的两极分化对立，归根结底是由私有制产生的。因此他幻想有这样一个社会，在这个社会中，人人都是平等的，没有人压迫人、人剥削人的现象，每个人都没有私有财产，而每个人同时又都很富有。每个社会成员都自觉地参加生产活动，劳动产品的分配原则采取各取所需的分配方式。他主张推翻私有制的存在，建立生产资料的公有制。比如他在书中这样写道："如果不彻底废除私有制，那么产品将不可能公平分配，人类不可能获得幸福。私有制存在一天，人类的绝大部分，也是最优秀的部分，将始终背上沉重又甩不掉的贫困灾难的担子。"这说明空想社会主义是早期的无产者为了反对私有制和反对资本主义的一种理论表现，它是针对于资本主义制度而出现的，体现了人们对于生产资料私有制的斗争思想，提出了实现生产资料公有制的伟大设想。

　　随着工业革命的到来，资本主义社会生产力也随之获得了巨大的生产力的推动，工厂机器的轰鸣声，从烟囱中冒出的滚滚浓烟以及空气中弥漫着的灰尘景象，正是工业革命爆发时期早期资本主义社会的真实写照。而随着生产力的提高，资本家对劳动力的需求程度逐步加深，他们需要更多的劳动力来进行生产，满足他们不断增长的占有剩余价值的贪婪欲望。因此，更多的劳动者失去土地，进入到工厂中做工，更多的农民变成工人，变成无产阶级劳动者，使工人阶级的队伍不断地发展壮大。而正是由于工人阶级队伍规模的不断扩大，使得工人阶级和资产阶级的矛盾被激化了。工业革命加速了矛盾激化的过程，使资本主义社会两极分化的程度愈来愈深，无产阶级这时为了保护自身权益，为了反抗资产阶级的统治，开始向资本主义、向私有制进行了猛烈的攻击。这一时期，空想社会主义运动出现了三个代表人物：圣西门、傅里叶和欧文。他们不断发表文章，猛烈地抨击资本主义制度，抨击人剥削人、人压榨人的资本主义生产资料私有制。而且对未来理想的社会制度进行了大胆的畅想，特别是他们提出了一些具体的观点，例如按劳分配和按需分配的主张。虽然这些主张现在看来还不成熟，也存在一些理论上的缺陷，但是他们这种对共同富裕思想的追求，为后来马克思主义共同富裕思想的产生奠定了坚实的理论基础，也是马克思共同富裕思想的重要源泉。

然而空想社会主义也存在着其自身的历史局限性和消极成分。首先，空想社会主义者也没有意识到只有物质产品极大丰富，也就是生产力水平达到非常发达的程度，他们眼中的理想社会，他们心中的乌托邦才有可能实现。这是因为，理想社会赖以存在的基础就是物质产品的极大丰富。而他们所处的时代正是资本主义社会刚刚确立，无产阶级刚刚登上历史舞台，社会生产力仍然处在上升的阶段，物质产品的生产还远没有达到能够实现按需分配的水平。因此他们只是把对乌托邦实现的条件过于感情化、理想化，忽视了生产力和生产关系二者对社会发展运动的直接影响。没有发达的物质生产力作基础，理想社会是不可能存在的。其次，空想社会主义者将改造现实社会的责任寄希望于某个杰出的个人身上。这种个人改变历史进程的思想方式本身就脱离了历史唯物主义的客观规律。我们说，人民群众才是历史的缔造者，脱离了人民群众队伍，寄希望于个人英雄主义对社会发展的变革，脱离了现实。空想社会主义者看不到人民群众，特别是无产阶级的伟大力量，没有预见在资本主义社会，随着生产社会化和资本主义生产资料私人占有制矛盾的逐渐加深，无产阶级和资产阶级的斗争也将空前激烈的未来，没有真正意识到无产阶级作为资产阶级掘墓者的无与伦比的革命力量。不借助于无产阶级暴风骤雨的革命力量，不依靠广大群众对资本主义社会进行革命斗争，是没有办法真正改造资本主义社会的，是无法消灭私有制的。只要私有制存在，那么实现共同富裕，实现理想社会的美好愿望就是一纸空文。因此早期空想社会主义思想者们的种种实践斗争和尝试都失败了。最后，空想社会主义者妄图脱离阶级斗争的手段来设计理想社会，去实践理想社会。空想社会主义者由于其历史局限性的关系，虽然看清了资本主义社会人剥削人、人压迫人的本质，但是他们不敢放手依靠人民群众，而是打算站在劳动者的同情者的立场上，从道德的制高点对资本主义进行抨击和口诛笔伐，他们也的确旗帜鲜明地表达了对资本主义的憎恨和对现实制度的不满，提出了理想社会人人富裕、按需分配的美好愿望，但是这些设想和论断由于脱离了阶级斗争的实践，因此只能是一幅描绘美好的蓝图，并不具备实践的可能。马克思曾经尖锐地指出："这种空论的社会主义实质上只是把现代社会理想化，描绘出一幅没有阴暗面的现代社会的图画，不顾这个社会的现实而力求实现自己的理想。"

第二节　马克思、恩格斯的共同富裕思想

客观地说，在马克思、恩格斯所处的时代，两人并没有真正意义上提出过共同富裕的概念。但是，共同富裕的思想，却贯穿在马克思主义理论中。也就是说，马克思主义理论本身就包含着共同富裕思想。这是因为，在马克思主义理论中，资本主义经济危机的根源来自于生产资料的私人占有制。生产资料私人占有制不但能够滋生资本主义社会不能逃避的经济危机，也是资本主义社会贫富两极分化的重要原因，因此共同富裕的一个前提即是要消灭生产资料私人占有制度。

我们知道，生产力和生产关系的矛盾是人类社会的基本矛盾。人类社会的发展，就是由生产力和生产关系的矛盾向前推动的。有什么样的生产力，就需要有与其相适应的生产关系。伴随着工业革命带来的巨大生产力的提高，资本主义社会的生产力得到了空前的进步，巨大的生产力使得资本主义社会短时间内积聚了难以想象的空前财富。就连马克思本人也在《共产党宣言》中这样说道：资产阶级在它的不到一百年的阶级统治中所创造的生产力，比过去一切时代创造的生产力还要多，还要大。而社会财富的大量增加，并没有改善资本主义社会劳动者的生活。这是因为，在资本主义制度下，无产阶级为了获得收入，不得不出卖自己的劳动力，除此之外，没有任何生产资料可以自给自足进行生产。这恰恰是由于资本主义生产资料私人占有制造成的直接原因。资本家为了攫取剩余价值，无情地剥夺了劳动者的生产资料，让劳动者变得无依无靠，只有去工厂里做工才能活下去。而这种让劳动者和劳动产品相分离的异化，也加剧了资本主义社会的两极分化。可以这么说，资本主义社会生产资料的私人占有制是资本主义社会两极分化的直接原因。马克思在

《哥达纲领批判》中说："消费资料的任何一种分配，都不过是生产条件本身分配的结果，而生产条件的分配，则表现生产方式本身的性质。例如，资本主义生产方式的基础是：生产的物质条件以资本和地产的形式掌握在非劳动者的手中，而人民大众所有的只是生产的人身条件，即劳动力。既然生产的要素是这样分配的，那么自然就产生现在这样的消费资料和分配。如果生产的物质条件是劳动者自己的集体财产，那么同样要产生一种与现在不同的消费资料和分配。"也就是说，资本主义社会生产所创造的财富的分配方式，是由资本主义生产资料的分配方式决定的。资本家占据着生产资料，而劳动者只能提供劳动力，这决定着生产创造出的财富的分配也制约在资本家的手中。因此只要存在着生产资料的私人占有，那么无产阶级劳动者就不可能从生产中获得财富，能获得的仅仅是维持生活和下次劳动所必需的那一点点消费资料，永远不可能达到共同富裕的标准。只要存在着私有制，那么共同富裕就没有办法真正实现。当生产力不断地发展，当资本主义社会物质财富大多数掌握在资本家的手中，而无产阶级却过着愈发贫穷的生活，当社会的两极分化愈发严重，那么资本主义社会本身不可调和的基本矛盾将最终激化无产阶级和资产阶级的对立，从而实现新的社会变革。这种趋势从根本上说是由生产力和生产关系的矛盾统一决定的。当"生产力在其发展的过程中达到这样的阶段，在这个阶段产生出来的生产力和交往手段在现存关系下只能造成灾难，这种生产力已经不是生产的力量，而是破坏的力量"，"资产阶级用来推翻封建制度的武器，现在却对准资产阶级自己了。"只有当消除了私有制，伴随着生产力的不断发展，形成一种新的分配方式，那个时候，才能真正达到实现共同富裕的条件。在一百多年后的今天，在社会主义市场经济下的中国，我们开创性地提出了社会主义市场经济，从理论的高度把公有制和市场经济联系在一起，发展出一套和谐的生产力和生产关系的相互统一的生产方式，在公有制的前提下实现了共同富裕的前提条件。因此我们党和国家领导人提出的实现共同富裕的战略思想，具备着坚实的理论基础，是充满着希望和前进的动力。

另外，马克思主义理论中，关于科学社会主义的相关内容，也包含共同富裕思想。首先，他提出在未来的社会，生产将会以所有人的富裕和全面发展为目的。马克思在《政治经济学批判》中说道："社会生产力的发展如此迅速，以致尽管生产将以所有人的富裕为目的，所有人的可以自由支配的时间还是会增加的。"恩格斯在《反杜林论》中指出："通过社会生产，不仅可能保证一切社会成员有富足的和一天比一天充裕的物质生活，而且还可能保证他们的体力和智力获得充分自由的发展和运用。"其次，马克思认为在未来社会，共同富裕必须以生产力的高度发展为基础。只有当生产力达到一种空前发展的水平，社会财富极大地丰沛，才有可能让全体人民都能共享经济发展的硕果，才可以实现共同富裕，在保持社会劳动生产力极高度发展的同时又保证人类最全面的发展。最后，马克思、恩格斯指出在社会主义制度的保证下，才有可能实现共同富裕。因为只有实现了生产资料的公有制，才能从根本上解决劳动和劳动产品的异化问题，才能从根本上消除由于私有制带来的两极分化问题，才能从根本上把社会生产的全部最终产品让全社会共同拥有。恩格斯强调："我们的目的是要建立社会主义制度，为了给所有的人提供充裕的物质生活和闲暇时间，给所有的人提供真正的充分的自由。"而这一切，都需要在社会主义公有制的基础上得以实现。

马克思和恩格斯开创性地将共同富裕的思想和历史唯物主义联系起来，运用政治经济学加以阐述分析，为后人建立社会主义社会指明了方向，也向人们描述了在不久的将来，人类社会走向共同富裕的美好蓝图。但是不能否认，由于历史的局限性，马克思、恩格斯站在时代的立场，无法看见遥远的未来所发生的事情。不过他们对共同富裕思想的探索仍然具有划时代的意义，对日后苏联和中国的社会主义建设也起到了具有建设性的指导作用。于是，中国的马克思主义者继承和发展了马克思、恩格斯的早期共同富裕思想，让共同富裕思想立足于中国的实践，逐渐发展深化起来。

第三节　列宁的共同富裕思想

一、列宁对共同富裕思想的认识

在马克思、恩格斯相继离开后，国际共产主义运动需要一个领导人及时地出现，需要有人继续将马克思主义理论发展深化，继续带领无产阶级进行斗争。时代将责任交给了列宁。列宁在发展了马克思主义理论之后，逐渐地形成了自己的列宁主义理论。而其中，从他的共产主义思想中，我们也能得出一些他对共同富裕思想的认识。

农村生产力是建设社会主义工业的基础。列宁是十分重视农村生产力的发展的，而且他将生产力发展和提高劳动者的生活水平联系起来。1918年，列宁明确地指出："当无产阶级夺取政权的任务完成后，随着剥夺者及镇压他们的反抗任务大体上和基本上解决，必然要把创造高于资本主义的社会结构的根本任务提到首要位置，这个根本任务就是，提高劳动生产率。""劳动生产率，归根结底，就是保证社会制度取得胜利的最主要的东西。"列宁如此重视生产力的发展，一个侧面原因也是和当时苏俄的政治形势密切相关的。早在俄国十月革命胜利后，列宁领导人民建立了俄罗斯苏维埃联邦社会主义共和国。作为世界上第一个无产阶级当家做主的国家的领导人，列宁在当时要面临的问题有很多。严酷的国际环境，建国初期的反对派势力，低下的劳动生产率，等等，这些问题迫使列宁对如何建设一个富强的苏维埃共和国作出了思考。他意识到，如果要想尽快让苏联走向强盛，首要任务是建立一个发达的工业体系，因此在建国初期的时候，苏联的工业化进程是非常快的。然而在农民战争灾荒等各种因素的共同干预下，农民的生活已经十分苦难了，本来苏联农业的生产效率就很低，加上战时共产主义政策的执行，对苏联农民的伤害更大了，使他们几乎没有任何能力去进行除了满足自身需要之外的生产，更别说为工业建设提供帮助了。在一些地区，由于自然灾害和战乱的影响，甚至出现了人吃人的惨剧。因此他在了解了这一事实之后，说道："应该从农民方面开始，谁如果不明白这一点，谁如果认为把农民提到首要位置就等于放弃或者类似放弃无产阶级专政，那他简直就是不去认真思考而陷于空谈。"只有把占苏联人口绝大多数的农民生活水平提高了，农村生产率提高了，才能为社会主义工业化建设提供充足的物质保障，才能加速苏俄的社会主义现代化建设。

在社会主义和共同富裕的关系问题上，列宁进一步论述了社会主义的根本目的，指出在社会主义建设过程中，只有最终实现全体人民的富裕才是社会主义建设的终极目标。他进一步指出由于这一终极目标所在，因此在实践的过程中，即在社会主义经济建设的过程中，在发展生产力，提高生产效率的过程中，生产的最终目的就是为了保证人们日益增长的物质文化需要能够得到满足。列宁认为："新的、更好的社会里不应该有穷有富，大家都应该做工，共同劳动的成果不应该为一小撮富人享受，应该归全体劳动者享受。""只有社会主义才可能广泛推行和真正支配根据科学原则进行的产品的社会生产和分配，以便使所有劳动者过最美好、最幸福的生活。"

列宁指出了社会主义时期全体人民富裕的程度差异性，指出了社会主义和资本主义致富方法的本质区别，把实现全体人民富裕和社会主义制度的优越性联系了起来。列宁指出，在社会主义阶段还不能做到公平和平等，因为富裕的程度还会不同，而不同就是不公平。在社会主义制度下，全体工人、全体中农，人人都能在绝不掠夺他人劳动的情况下完全达到和保证达到富足的程度。列宁指出了在社会主义社会必然要存在着贫富差距，而且他也进一步提出在社会主义社会，人民实现富裕的途径是依靠按劳分配，依靠个人努力工作获得工资，而在资本主义社会中，富人是依靠剥削和压榨工人的手段最终实现富裕的。

二、列宁共同富裕思想的历史局限

列宁作为马克思、恩格斯之后的无产阶级伟大领袖，在苏联的社会主义建设中，不断继承和发扬了马克思、恩格斯的共同富裕思想，在世界上第一个无产阶级政权的国家里，在坚持马克思主义的信念下，率领苏联人民在经济建设的过程中，不断探索共同富裕的实现道路，为全人类对于如何实现共同富裕、如何走向共同富裕提供了宝贵的实践经验。列宁及其社会主义实践过程中对共同富裕的探索和追求，是全人类的宝贵财富。他站在社会主义生产力和生产关系的角度，指出了社会主义经济建设的根本目的就是为了实现共同富裕，而实现共同富裕的物质基础就是社会主义发达的科技生产力。按劳分配作为社会主义的生产关系，为实现共同富裕创造了客观条件。因此，社会主义的生产力和生产关系，是共同富裕实现的基础，而列宁也首次将共同富裕这一理念提高到了社会主义的理论高度。

但是，我们仍然需要清醒意识到，列宁的共同富裕思想由于受到时代的限制和当时国际国内经济政治环境的一系列影响，他的共同富裕思想也难免受到历史局限性的制约。尤其是由于列宁在极高的工作强度下工作，早已因苏联的革命斗争而被病痛缠身，早早地离开了，生前并没有对马克思、恩格斯的共同富裕思想作出更深层次的理论概括，也没有非常完善地针对苏联当时的经济情况，提出一些具体的实践方针去探索共同富裕的道路。这就为后来列宁的继任者斯大林在苏联执政期间犯下的错误创造了条件。而斯大林虽然也继承了列宁的共同富裕思想，但是由于他脱离了苏联经济建设的实际，把共同富裕这一实践过程看作是非常短时间就可以达到的水平，因此他采用了一系列不符合实际，不符合苏联经济发展客观进程的政策来加速共同富裕的实现。而脱离了实际、违背了社会发展的客观规律，任何改革和发展都不可能实现。

总之，列宁作为人类历史上第一个无产阶级政权国家——苏联的第一位领导人，是继马克思、恩格斯之后的无

产阶级革命的伟大导师。他关于共同富裕思想的探索，是全
人类的宝贵财产。虽然由于历史的局限，他没有能够将苏联
的实际和共同富裕思想深刻结合，开创和发扬适合苏联自身
的共同富裕思想，并且由于去世较早没有在实践的过程中取
得一些新成就。但是他对马克思、恩格斯的共同富裕思想作
出了总结，并将共同富裕思想提高到了社会主义本质的理论
高度。客观上也对中国的社会主义经济建设起到了理论指导
的作用，并促进了中国特色马克思主义理论的发展和形成。

第四章　中国化的马克思主义共同富裕观

第一节　毛泽东的共同富裕思想

　　毛泽东作为党的第一代领导集体的核心，毕生致力于使中华民族早日摆脱贫穷落后的局面，早日实现社会主义现代化。毛泽东出生于旧中国，对旧中国时期中国人民的贫穷落后有着切身的体会。因此在新民主主义革命时期，以毛泽东为代表的中国无产主义者为了实现民族独立、人民解放和国家繁荣富强，为了反对旧中国、旧制度对人民的剥削和压迫，不怕流血、不怕牺牲，经过艰苦卓绝的斗争，终于建立了新中国。当五星红旗在天安门广场冉冉升起的时候，中国人民从此站起来了！新中国的成立，宣告着旧中国半殖民地半封建社会的历史已经过去，如何建立一个富强民主的社会主义新中国是摆在党的第一代领导集体面前的一个新任务。毛泽东在当时的情况下，对马克思主义的共同富裕思想进行了挖掘和深化，结合中国国情，提出了一些具体的观点。

第一，毛泽东认为，实现共同富裕，就必须要走社会主义道路。当十月革命成功的消息传遍世界之后，马克思、恩格斯关于科学社会主义的理论变成了实践。当时的无产者们兴奋不已，对于科学社会主义的美好前景，对于建设社会主义的巨大动力都是空前的。毛泽东作为以马克思列宁主义为指导思想的党的第一代领导集体的核心，始终把实现全体人民的共同富裕看作是社会主义革命和建设的根本目的，社会主义制度优越性的根本体现。当新中国成立后，他提出"建国后，我们实行新民主主义经济政策，目的是促进生产力的恢复和发展，创造条件向社会主义过渡"。走社会主义道路，是毛泽东对于实现共同富裕的路径的选择，而且是一条必经之路。他在《关于农业合作化问题的报告中指出》："农民共同富裕的唯一出路是走社会主义道路。""对于他们来说，除了社会主义，再无别的出路。""全国大多数农民，为了摆脱贫困，改善生活，为了抵御灾荒，只有联合起来，走社会主义道路，才能达到目的。""现在我们实行一种制度，这么一种计划，是可以一年一年走向更富强的，一年一年可以看到更富更强些。而这些个富，是共同的富，这些个强，是共同的强，大家都有份。"因此，为了让全体农民通过走社会主义道路来实现共同富裕，毛泽东主张通过逐渐地消灭富农经济和个体经济，实现对社会主义农业的改造，让全体农民参与到合作社中来，他认为："只要合作化了，全体农村人民会一年一年地富裕起来。""要巩固工农联盟，我们就得领导农民走社会主义道路，使农民群众共同富裕起来，穷的要富裕，所有农民都要富裕，并且富裕的程度要大大超过现在的富裕农民。"可见，毛泽东对于社会主义道路对共同富裕的重要性是非常看重的，而且除了社会主义制度，没有其他可以实现共同富裕的制度选择。对于社会主义公有制的巨大优越性，当时的毛泽东是极力推崇的，因此也大力推行了农业合作化运动。虽然实践证明，毛泽东想通过农业生产合作化运动来实现共同富裕的实践没有在真正意义上带来共同富裕，反倒对生产力进行了破坏。但是他坚定不移地走社会主义道路，相信社会主义公有制的优越性，对早日实现全体人民共同富裕的战略目标，还是有一定的积极意义的。

第二，毛泽东指出，发达的生产力是实现全民族共同富裕的基础。他非常重视生产力的发展，抗日战争时期，他就号召在苏区大力发展物质生产，要让经济建设为抗日战争服务，为夺取抗战的最后胜利提供物质基础。他指出："我们的经济政策的原则，是进行一切可能的和必需的经济方面的建设，集中经济力量供给战争，同时极力改良民众的生活，巩固工农在经济方面的联合，保证无产阶级对于农民的领导，争取国营经济对私人经济的领导，造成将来发展到社会主义的前提。"解放战争时期，他在《论联合政府》中明确提出，"一切政党的政策及其实践在中国人民中所表现作用的好坏、大小，归根到底，看它对中国人民的生产力的发展是否有帮助及帮助之大小，看它是束缚生产力的还是解放生产力的"。新中国成立后，毛泽东在社会主义建设初期对于生产力的发展极为重视，他借鉴了苏联发展的经验，提出优先发展重工业的方针，通过实施一五计划，奠定我国工业建设的初步基础。他指出："社会主义革命的目的是为了解放生产力"，"要把一个落后的农业的中国改变成为一个先进的工业化的中国"。可见毛泽东在建国初期对于生产力快速发展是非常渴求的。生产力对于共同富裕的重要性，在毛泽东的认识中是不可替代的。因此后来在50年代末期，他提出了多、快、好、省地建设社会主义的总路线，在全国发动了"大跃进"运动。即使再后来的"文化大革命"时期，毛泽东也时刻是以发展生产力为指导思想的，抓革命的目的也是为了促生产。因此，可以说，毛泽东是把共同富裕的实现与生产力的快速发展紧密地联系在一起的，也正因为如此，我们才能在社会主义新中国建国后不久取得了许多举世瞩目的成就，这些都是和毛泽东重视生产力、解放生产力、发展生产力的思想密不可分的。

第三，共同富裕要防止两极分化，防止贫富差距过大。既反对平均主义，也反对过分悬殊。毛泽东在社会主义建设过程中，始终把公平思想放在了首位。毛泽东早年对旧中国人压迫人、人剥削人的现象深恶痛绝，因此对贫富差距悬殊、两极分化的问题格外地重视和警觉。他曾对人们说："生活问题要整个解决，而不是个别解决。大众的利益应该首先顾及。"他坚信，共同富裕就意味着全体社会都能够公平地享有生产资料，享有相同的机会，全体人民在按劳分配的基础上能够同步富裕。他认为在社会主义国家中，由于生产资料已经是公有制，因此劳动者享有了生产资料，能够发挥其劳动的主观积极性，这是实现共同富裕的首要前提。他说："反对平均主义，是正确的，反过头了，会发生个人主义。过分悬殊也是不对的，我们的提法是既反对平均主义，也反对过分悬殊。"因此在政策的执行上，他也对能够有利于共同富裕的政策，加以推崇和赞扬，对不利于共同富裕或者能够造成贫富差距的政策，就会提出反对的意见。比如，在上世纪50年代中期，我国土地改革完成后发生了一些两极分化的现象，他当时就指出："在最近几年中，农村中的资本主义自发势力一天一天地在发展，新富农已经到处出现，许多富裕中农力求把自己变为富农。许多贫农，却因为生产资料不足，仍然处于贫困地位，有些人欠了债，有些人出卖土地，或者出租土地"，"这种情况要是让他发展下去，农村中的两极分化现象必然一天一天地严重起来"。之后他提出了农村生产合作化运动，力求通过对整个农业的社会主义改造，进而逐步实现社会主义工业化和对手工业和资本主义工商业的社会主义改造，从而使全体人民实现共同富裕。因此，在对待公平和效率的问题上，毛泽东更重视公平的问题。

第四，共同富裕是一个漫长的曲折的过程。在新中国刚刚成立的时候，我国面临着人口基数大，科技水平低，生产力低下的问题，在这样的国情下，想要快速地带领全国人民走向共同富裕的道路，显然是不切实际的。毛泽东本人也意识到了这一问题。因为我国的社会主义制度是新生事物，它从旧制度中诞生，它的完善需要长时间的探索和实践。即使是在以公有制为主体的社会主义新中国，在物质生产力低下的情况下，不经过长期的艰苦奋斗，共同富裕就无法实现。他说："我们的总目标，是为了建设一个伟大的社会主义国家而奋斗。我们是一个六亿人口的大国，要实现社会主义工业化、机械化，要建成一个伟大的社会主义国家，究竟需要多少时间？大概是三个五年计划，即十五年左右，可以打下一个基础。到那时，是不是就很伟大了呢？不一定。我们要建成一个伟大的社会主义国家，大概经过五十年即十个五年计划，就差不多了。"他认为经过半个世纪的努力奋斗，是可以将我国建设成为社会主义现代化的强国的。同时，他对党内对于经济建设出现的急于求成的现象，也作了相关的批示："我们这样一个大国要提高经济文化水平，建设现代化的工业、农业和文化教育，需要一个过程。我们现在提出了多、快、好、省这个经济建设文化的口号。可以快一点，但不可能很快。"

毛泽东的共同富裕思想，虽然提出了一些具有价值的理论，但是由于其对于共同富裕思想的认识过分拘泥于公平的角度，导致其脱离了实际，趋向于将共同富裕这一伟大构想浪漫化和理想主义化。对我国经济建设也产生了一定的负面影响。在肯定毛泽东对于共同富裕伟大战略目标的探索的同时，也要清醒地认识到其理论在指导实践的过程中产生了哪些与实现共同富裕相违背的地方，总结教训，避免后人重蹈覆辙。

首先，毛泽东对于社会主义共同富裕，太过于乐观和理想主义了，而且在实践中出现了很多把共同富裕和平均主义等同在一起的现象。虽然毛泽东对于何时能够实现共同富裕，也认识到需要有很长的路要走。但是具体是什么时候，我们需要经历哪些阶段，生产力达到什么水平都没有具体的方案可以参考。尤其是在全国人民建设社会主义的热情空前高涨的时候，一些成绩很容易使人产生错觉，认为我们经济建设的速度已经可以赶超西方发达国家了，甚至他认为中国实现共产主义不要100年，可以50年，对经济建设的盲目乐观和对社会主义共同富裕的理想主义思潮使毛泽东将生产中的平均主义问题和共同富裕等同起来，对于一些不合理的政策，没有及时作出否定，反而认为可以坚持。比如，他在看待老百姓在人民公社吃饭不花钱的问题上，乐观地表示这种做法能够消除私有观念，而且也有利于我们早日实现向共产主义社会的过渡。他说："吃饭不要钱，既然一个公社能办到，其他有条件的公社也能办到。既然吃饭不要钱，将来穿衣服也可以不要钱了。"这种吃饭不要钱的想法，实际上就是平均主义大锅饭的理念，是严重地破坏劳动者生产积极性的思想。我们都知道公平与效率是互相统一的，它关系到社会经济发展的稳定与活力。在我们新中国成立的初期，由于在当时的国际环境下，迫使我们要求国内生产要保证安定、有序，这对于尚处于襁褓之中的社会主义新中国而言，尤其重要。因此毛泽东认识到必须让老百姓充分调动起来，让每个社会成员拥护社会主义建设，我们才能早日实现经济建设的现代化。因此他在处理公平和效率的问题上，是优先公平的。这在当时也是正确的。但是后来在公平和效率的处理问题上，由于思想认识局限性和"左"的思想的发展，使他没有办法看清平均主义和共同富裕之间的不同。他认为只要经济建设是建立在一个平等的环境中，整个社会是公平的，自然可以带来高效率。因此在20世纪70年代初的比较长的时间里，我国的经济建设实际上执行的是平衡发展战略。事实证明，平均主义不是共同富裕，忽视经济发展中效率与公平的关系，只能对经济建设产生消极作用。

其次，在实践中没有坚持按劳分配的原则。按劳分配是社会主义的分配原则，毛泽东在实践的过程中经常会忽视这一原则，这会助长平均主义观念的思潮。单纯地追求表面上的公平，实际上损害的是整个社会生产的效率。我国是个领土面积广阔、物产丰富、人口众多的国家。在这样一个大国，想要把全体人民的收入分配平均起来，本身就是一个非常难以实现的命题。毛泽东寄希望于共同富裕，希望通过社会主义的建设早日实现共同富裕，从而实现共产主义的终极目标。然而他在进行社会主义建设的过程中，没有坚持按劳分配，这意味着即使经济建设取得了一定的成绩，某些地方的人民生活富裕了，而这种富裕也得不到应有的保障，甚至他们的合法劳动所得还会被转移给他人，这样使得作为生产者主体的劳动者无法全部拥有自己的劳动果实，劳动者不能根据其付出的劳动量获得相应的报酬，进而使得整个社会由于劳动积极性不高，显得没有动力，效率低下。当时有一首打油诗对这一现象进行了辛辣的讽刺："头遍哨子不买账，二遍哨子伸头望，三遍哨子慢慢晃，到了地里忘带锄，再去回家走一趟。"可见当时作为生产合作社的农民对于工作是十分的消极怠慢的。在这样对工作缺乏效率的情况下，如何能实现共同富裕呢？只能共同贫穷。我们说，对于通过勤奋劳动致富的，我们就应该提倡和鼓励，而不是对其进行妖魔化。毛泽东把公平看得太重，把一切人的合理劳动带来的财富都看作是两极分化，都看作是走资本主义道路，要把它当作阶级斗争看待，偏离了认识共同富裕的正确思想，对于社会主义建设的实践也是有害的。

第二节　邓小平的共同富裕思想

在经历了建国初期对社会主义经济建设的探索和十年动荡对我国经济的破坏之后，中国共产党人对什么是社会主义，怎样建设社会主义，进行了新一轮的反思。在当时粉碎"四人帮"之后，中国迫切需要一位能够审时度势，领导中国人民重新走向经济建设的正轨，真正带领中国人民走向小康社会，实现共同富裕的领导人。历史将挽救新中国、挽救社会主义建设的千斤重担交给了邓小平。事实证明，邓小平不仅开创了社会主义建设的新局面，掀开了我国社会主义的新篇章，为我们解答了什么是社会主义、怎样建设社会主义的命题，并且高瞻远瞩地提出了改革开放的政策，使中国从此走向了飞速发展的道路。

在改革开放之后，理论界和学术界就一直在关注着邓小平的共同富裕思想。特别是在党的十五大明确确立了邓小平的指导地位之后，共同富裕思想就成了邓小平理论研究中的一个热点问题。邓小平的共同富裕思想主要体现在哪些方面,对于我国社会主义市场经济的建设又具备哪些指导意义呢?

首先,共同富裕是社会主义的本质要求。在资本主义社会,由于生产资料被资本家占有,工人只有出卖自己的劳动来赚取仅有的工资来维持生计。资本主义生产的根本目的就是为了攫取剩余价值,追求利润最大化。而机器化大生产的资本主义生产方式,更加剧了资本家对工人的剥削,大量社会财富被创造出来,而工人却没有办法得到自己应得的部分,社会财富的绝大部分被资本家占有了,贫富差距因此会逐渐拉大,甚至非常悬殊。而社会主义制度是建立在公有制基础之上的,劳动人民当家做主,共同支配生产资料,共同享有物质财富。因此在社会主义制度下,共同富裕才可能实现。列宁也说:"只有社会主义才能广泛推行和真正支配根据科学原则进行的产品的社会生产和分配,以便让所有劳动者过最美好、最幸福的生活。只有社会主义才能实现这一点。而且我们知道,社会主义一定会实现这一点,而马克思主义的全部困难和它的全部力量也就在于了解这个真理。"

社会主义制度的优越性，体现在生产资料的公有制，社会财富的按劳分配以及公平正义。社会主义建设的根本目的，就是为了实现人的全面发展，实现全体人民的共同富裕。而新中国成立后的几十年时间里，我国虽然在经济建设上取得了一些成绩，但是并没有告别贫穷落后的局面，人民生活水平并没有得到显著的提高，甚至在许多农村仍然存在着非常贫困的状态，几乎连温饱都难以解决。改革开放后，针对当时我国贫弱的国内经济，以及当时由于"四人帮"造成的"宁要贫穷的社会主义，不要富裕的资本主义"的错误观点，邓小平及时地对其加以了纠正，他鲜明地指出："从1958年到1978年这20年间，经验告诉我们，贫穷不是社会主义，社会主义要消灭贫穷。""社会主义的特点不是穷，而是富。"他还在党代会上明确宣布："在改革中，我们始终坚持两条原则，一是以社会主义公有制经济为主体，一是共同富裕。"这说明邓小平已经把共同富裕同社会主义的本质联系在一起，提出要建设社会主义就要消灭贫穷的观点。他总结出新的社会主义观，即"社会主义的本质，是解放生产力，发展生产力，消灭剥削，消灭两极分化，最终达到共同富裕"。解释了什么是社会主义、怎样建设社会主义的问题，从而为我们大踏步地迈向社会主义建设的新阶段指明了方向，提供了坚实的毫不动摇的理论基础，不愧为改革开放的总设计师。

第二，邓小平也将高度发达的生产力视为实现共同富裕的基础。他多次强调，社会主义的根本任务就是解放生产力，发展生产力。在发展生产力的基础上体现社会主义的优越性。他指出："社会主义的优越性归根到底要体现在它的生产力比资本主义更快一些，更高一些，并且在发展生产力的基础上不断改善人民的物质文化生活。"只有生产力得到发展，社会物质财富才能迅速增加，从而解决我国落后的社会生产力同日益增长的人民对物质文化的需要这一基本矛盾。只有这个条件满足了，我们才能消灭贫穷，消除两极分化，最终实现共同富裕。他多次强调贫穷不是社会主义，社会主义要消灭贫穷。只有生产力有了巨大发展，社会产品才能日益丰富起来，共同富裕的社会主义才能有实现的可能。

第三，邓小平提出共同富裕并不意味着同步富裕。他根据我国的国情和经济发展的客观规律，提出了允许一部分地区、一部分劳动者通过合法劳动、合法经营先富起来，并带动后富群众，从而最终实现共同富裕的主张。这个对于先富带动后富的想法，可以说是邓小平对马克思、恩格斯的共同富裕思想，以及毛泽东的共同富裕思想的一个创新。可以说，在生产力发展极不平衡的中国，想要全体人民同时实现共同富裕，这将是一个横亘几个世纪的命题，需要好几代中国人艰苦奋斗，坚持社会主义市场经济，坚持改革开放不动摇才能实现的。如果我们可以立足于国情，明确生产力不均衡的事实，首先从生产力发达的地区入手，优先将这部分劳动者实现富裕水平，那么今后就有时间有条件可以帮助生产力落后地区的人民实现富裕。因此，不正确看待个人物质利益对于生产积极性的重要性是不可以的。基于这样的观点，邓小平在1978年中央工作会议上提出："在经济政策上，我认为要允许一部分地区，一部分企业，一部分工人农民，由于辛勤努力成绩大而收入多一些，生活先好起来。一部分人生活先好起来，就必然产生极大的示范力量，影响左邻右舍，带动其他地区、其他单位的人们向他学习。这样，就会使整个国民经济不断地波浪式地向前发展，使全国各族人民都能比较快地富裕起来。"将先富和后富划分开来,就为分阶段实现共同富裕创造了条件。首先,先富的群众必然会影响后富的群众,对后富群众产生正面的示范作用。其次,先富的群众为后富群众指明了道路,提供了宝贵的经验,并且为后富群众提供了物质生产资料。最后,先富群众通过辛勤劳动,为后富群众提供了一个发展的平台,先富群众对经济发达地区的贡献可以让经济发达地区为后富群众带来更多的就业机会,更多的帮助,从而使得后富群众有能力有方法效仿先富群众的方式实现富裕。从而使全国经济产生联动效用,使经济欠发达地区和经济不发达地区的经济发展得到促进,并最终通过劳动者的辛勤劳动使全国经济共同繁荣起来。

第四,共同富裕是物质文明和精神文明双方面的富裕。邓小平指出,我们未来要实现的共同富裕,不单单是物质财富的富裕,也要是精神财富的富裕。我们社会主义的本质,就是实现人的全面发展,实现全民族共同富裕,消除贫富差距,消除两极分化,这是和物质文明的极大发展离不开的。但是当物质文明建设出现一些成绩之后,如果没有一定程度的精神文明与之相适应，那么社会主义的建设将会出现偏差。由于人们的精神文明需要不能得到满足，因此一系列不和谐的局面将会出现。当然，我们走社会主义道路，应该优先发展物质文明建设。这是建设精神文明的物质基础，不应该动摇。但是我们也要坚持搞精神文明建设不能忽视。尤其是在现代社会，人们对科学技术、文化教育等因素极其关注，人们对精神文化的需要是非常迫切的。因此邓小平说道："我们要建设的社会主义国家，不但要有高度的物质文明，并且要有高度的精神文明。""没有精神文明，没有共产主义思想，没有共产主义道德，怎么建设社会主义？"因此高度的物质文明和高度的精神文明，不仅仅是我国社会主义现代化的重要目标，也是我国实现共同富裕的内在要求。

邓小平的共同富裕思想，是对马克思、恩格斯以及毛泽东的共同富裕思想的一次升华，他将共同富裕思想带到了新的理论高度。他提出的"贫穷不是社会主义，社会主义要消灭贫穷"、"社会主义的本质，是解放生产力，发展生产力"的著名论断，为我们经济建设指明了方向，使得全国人民建设社会主义市场经济有了新的目标，新的动力，使中国的发展又重新回到以经济建设为中心的轨道上来。

第三节　江泽民的共同富裕思想

　　作为党的第三届领导集体的核心，江泽民继承并发扬了邓小平的共同富裕思想。他面对20世纪90年代以来不断发展变化的国际国内形势，高举邓小平理论的伟大旗帜，不断总结新经验，进行新的理论探索，以全新的眼光与时俱进地不断完善共同富裕思想，为建设有中国特色的社会主义理论增添了新的内容，为丰富共同富裕理论宝库做出了极大的贡献。

　　首先，江泽民在总结了前人对共同富裕思想的研究之后，开创性地提出了"三个代表"重要思想。可以说，"三个代表"重要思想是江泽民共同富裕思想的中心。"三个代表"重要思想，是江泽民在科学判断中国共产党历史方位的基础上，围绕"建设一个什么样的党，怎样建设党"这一命题提出来的。"三个代表"重要思想，是对马克思列宁主义、毛泽东思想、邓小平理论的创新和扩展，是我们党推进党的建设，推进改革开放，加快社会主义市场经济建设步伐的理论武器，是我们必须要长期坚持的党的指导思想。

坚持贯彻"三个代表"重要思想，是实现共同富裕，实现全民族伟大复兴的重要举措。贯彻"三个代表"重要思想，实现共同富裕，必须优先考虑发展生产力，发达的生产力是满足全体人民日益增长的物质、精神文明需要的基础。中国共产党要代表先进的生产力，坚持与时俱进的宝贵马克思主义理论品质，大胆实践，勇于探索，才能创造出更加辉煌的社会主义物质文明财富，才可以缩小贫富差距，消除两极分化，为早日实现共同富裕创造优越的物质条件。同时，中国共产党也代表先进文化。先进文化是社会的灵魂，是人类社会前进和发展的动力。社会要发展，改革要前进，离不开先进的社会文化的指导和帮助。我们要建设优越的社会主义先进文化，就要通过大力弘扬和培育民族精神，加强思想道德建设和教育，发展文化事业和文化产业，为广大人民群众创造丰富多彩的精神食粮，从而为经济发展和社会进步提供文化支撑。始终代表广大人民的最根本利益，是"三个代表"重要思想的出发点。江泽民在十六大报告中指出："在建设中国特色社会主义的进程中，全国人民的根本利益是一致的，各种具体的利益关系和内部矛盾可以在这个基础上进行调节。制定和贯彻党的方针政策，基本着眼点是要代表最广大人民的根本利益，正确反映和兼顾不同方面群众的利益，使全体人民朝着共同富裕的方向稳步前进。"这说明我们解放生产力，发展生产力，搞经济建设的最根本目的就是为了让人民群众过上幸福美好的生活，让广大群众可以高度享有社会主义市场经济建设所带来的发达的物质文明和精神文明，这是社会主义的要求所在。因此贯彻和落实"三个代表"重要思想，也是我们党执政为民的一种体现。

其次，江泽民在十六大报告中提出的全面建设小康社会的奋斗目标，为我国现代化建设描绘了美好的宏伟蓝图，是一个代表民意、凝聚民心，立足实际、着眼发展，令人鼓舞、催人奋进的目标，是一个全面而科学的目标。十六大提出全面建设小康社会，不仅继承了邓小平关于发展以民生为本的重要思想，提出了经济更加发展和人民生活更加殷实的内容，而且把政治民主、科学进步、文化繁荣、可持续发展等，纳入全面建设小康社会的指标之中。这样，小康社会就不仅是人民安居乐业、生活普遍富裕，而且是充分体现发展以人为本、体现人的全面自由发展的社会模式。从这里也清楚地反映了我们党关于社会经济发展战略的思考，已经站在了新的理论制高点上。

讲到全面建设小康社会，我们不得不先了解什么是"小康"。所谓小康，在历史上是相对于大同而言的。据考证，"小康"一词指的是一种生活状况或生活水平，即"富有仍嫌不足，但温饱已经有余"。而中国现代的小康步伐始于20世纪70年代末，1979年12月6日，邓小平在会见日本首相大平正芳时首次提出了中国现代小康的概念，明确指出中国式的四个现代化就是"小康之家"。

首先，它是一个经济、政治、文化全面发展的目标。20世纪80年代初，邓小平提出我国现代化建设的"三步走"发展战略。第一步，到20世纪80年代，我国国民生产总值能够翻一番，基本能够解决百姓吃穿的问题。到下一步，让国民生产总值再翻一番，基本达到小康的程度。按照邓小平当初的设想，我们目前基本已经实现了前两个目标，即温饱和基本实现小康水平。但是现在的小康水平仍然程度比较低，许多地区仍然存在着收入水平相对较低的情况，而且全国目前收入差距呈现出东高西低的特点，因此这种小康仍然还需要不断地深化。因此我党提出要全面建设小康社会的战略思想，强调要在发展的同时，一方面提高发展的效率，一方面注意劳动财富的分配。不仅仅要建设人与人和谐的社会，还要在发展经济的同时，确保人与自然的和谐关系。

其次，它是一个与加快推进我国现代化进程相一致的目标。过去的"三步走"战略，把现代化建设划分为温饱、小康、基本实现现代化三个阶段。党的十六大提出到2020年国民生产总值比2000年翻两番，基本实现工业化，把现代化建设进程拓展为温饱、小康、全面小康、基本实现现代化四个阶段。由此可见，十六大提出的全面建设小康社会的目标，丰富和发展了"三步走"战略。

再次，它是一个顺应时代要求、符合我国国情和人民愿望的目标。当今的时代特征是：和平与发展仍是世界的主题，政治多极化和经济全球化曲折发展使综合国力竞争日趋激烈。当前我国的基本国情是：目前，全世界都在共同关注和平发展。过去冷战时期的对抗思维已经被多极化的外交关系所替代，未来的国际社会是一个充满合作和竞争的社会。如何在未来激烈的国际竞争中确保我国在地区的主导地位，是我们今后要面对的严峻问题。当前我国虽然基本上达到了小康的生活水平，但是在许多地区，生产力和教育水平仍然十分落后，城乡二元结构也没有改变。

正是在综合考虑这些因素的基础上，我们党提出了全面建设小康社会的奋斗目标。当然，全面建设小康社会，最根本的还是以经济建设为中心，不断解放和发展社会生产力。那么，解放和发展社会生产力从哪儿入手呢？

首先，应当坚持发展以民生为本，充分调动人的积极性。这既是一个理论问题，更是一个实践问题。我们不妨对现实生活作一番观察分析，就会发现这样一种现象：自然和人文条件相似的两个地方，改革开放初期可以说是处于同一个起跑线上，可20多年以后再回头看看，两地却拉开了长长的距离。为什么出现这样大的反差？关键是人，是人的思想解放的程度，是冲破束缚人们手脚的传统体制的勇气和闯劲的大小。这就清楚地说明，要全面建设小康社会，就必须按照《共产党宣言》里提出的"每个人的自由发展是一切人自由发展的条件"的原则，破除思想障碍和体制障碍，大胆进行理论创新和体制创新，这是开创各项工作新局面的前提条件。

其次，它是一个现实的目标，我们有确保能够胜利实现既定目标的指导思想和经验。为确保全面建设小康社会奋斗目标的实现，十六大报告不仅提出了全面贯彻"三个代表"重要思想的要求，科学地总结了过去13年的十条基本经验，并提出"发展要有新思路，改革要有新突破，开放要有新局面，各项工作要有新举措"的要求。可以预见，在全体人民艰苦奋斗、辛勤劳动、锐意进取地努力下及党的方针政策的正确指引下，全面建设小康社会的目标一定能够早日实现。

再次，我们要实现共同富裕，就必须从完善所有制结构和分配方式入手，这是我们实现共同富裕的制度保证。我国现阶段是以公有制为主体与多种所有制经济共同发展的所有制结构，这也是社会主义初级阶段基本经济制度的内容。所以完善我国所有制结构就是要完善我国社会主义初级阶段基本经济制度。

对于当代中国来讲，最大的国情就是正处于并将长期处于社会主义初级阶段。首先，社会主义社会的本质要求我国必须坚持公有制为主体。公有制对于发挥社会主义制度的优越性，满足社会公共需要，协调各方利益，实现社会公平和共同富裕，增强我国的经济实力等，具有关键性作用。其次，我国生产力整体水平还比较落后，发展又很不平衡，只有大力发展多种所有制经济，才能发挥各方面的积极性，充分利用各种资源，促进社会生产力发展。第三，随着经济体制改革的深入，市场机制已在经济运行中发挥基础性作用，这就要求市场主体多元化，特别是要求产权主体多元化。只有进一步完善公有制为主体的多种所有制经济共同发展的基本经济制度，才能奠定社会主义市场经济运行的产权基础。

公有制和按劳分配是实现共同富裕的保证。我们在经济发展的进程中必须要牢牢坚持和贯彻不动摇。但是我们也要对公有制这一主体定位进行完善和补充。过去几十年的社会主义建设经验告诉我们，我们搞社会主义市场经济建设，是没有什么经验可寻的，完全是在实践中遇到问题解决问题。因此一成不变地、片面地、僵化地看待公有制的问题，是不利于我们发展前进的。党在十五大报告中提出了调整并且完善所有制结构、分配结构和分配方式的战略任务，这为我们改革所有制结构提供了政策依托，同时也形成了新的理论观点。第一，在采取什么样的所有制结构方面，提出了"以公有制为基础，多种所有制经济共同发展，是我国社会主义初级阶段的一项基本经济制度"。这一提法将公有制经济和非公有制经济对立的矛盾化解了，使广大人民群众对非公有制经济的看法有了新的认识，也鼓舞了人们对非公有制经济建设的热情，带来了新的希望。第二，明确了公有制经济的科学内涵，我们所说的公有制经济，不仅仅包括国有经济和集体经济，也包括混合所有制经济中的国有成分和集体成分，指明了我国的国有经济的主导作用主要体现在控制力上。第三，在分配结构与分配方式方面，提出了以按劳分配为主体，多种分配方式并存的制度。这为我们继续深化改革，坚持社会主义道路，完善社会主义制度指明了方向，铺平了道路。因此完善所有制结构和分配方式，能够进一步巩固公有制和按劳分配的主体地位，巩固共同富裕的物质基础。

最后，在分配方式上要坚持效率优先，兼顾公平，这是实现共同富裕的途径。江泽民共同富裕思想的一个重要内容就是对分配方式的一次改革。因为共同富裕，离不开效率和公平的关系问题。我们强调共同富裕，就是说不单单要从效率上，还要从公平上，让全社会人民共同享有物质文明和精神文明的财富。效率体现的就是生产的有效性，物质和精神财富能够得到快速的有利的供给，这是社会主义市场经济实现资源优化配置，让社会主义市场经济充满效率的体现。而公平则是对全社会人民普遍而言的，让全社会人民都能够实现富裕，这本身就是一种公平的表现。但是实现共同富裕是一个长远的战略目标，其实现过程必然是充满艰辛的，是一条曲折发展的道路，没有捷径可走。那么在发展的过程中，我们就势必要面对效率与公平二者的关系问题，怎样在经济发展的过程中处理好效率与公平，直接关系到我们实现共同富裕的战略目标的成败。改革的经验告诉我们，在分析具体的问题上，要实事求是，不能生搬硬套，也不能拔苗助长。在发展的道路上，公平和效率也可以有优先发展的选择，而不是将二者一视同仁。党的十四届三中全会《关于建立社会主义市场经济体制若干问题的决定》指出，当前我国应该建立以按劳分配为主体，效率优先，兼顾公平的收入分配制度。

效率优先，兼顾公平是社会主义初级阶段的一个原则。效率优先，实质就是发展生产力优先，有两层含义：一方面，我们要强调劳动者的合法劳动报酬应该是和劳动者的效率紧密联系的，效率越高，单位时间创造的价值越多，理应获得更多报酬。另一方面，生产要素在生产过程中，要素报酬也应当同要素生产效率相联系。这是我们坚持效率优先应该坚持的原则。

我国现阶段的收入政策是，既要有利于善于经营的企业和诚实劳动的个人先富起来，合理拉开收入差距，又要防止贫富悬殊，坚持共同富裕的方向，在促进效率的前提下体现公平。

效率，是指人们工作中所消耗的劳动量与所获得的劳动成果的比率。公平，是伦理学的概念，是指如何处理社会经济中各种利益关系，也就是所谓合理分配。提高效率主要通过发挥市场机制优化资源配置的基础性作用来实现，实现公平则主要依靠政府对收入的宏观调控。效率与公平是一种对立统一的关系。从统一性来看，效率是公平的基础，公平的最终实现要以效率的较大提高为基础。另一方面，公平是提高效率的重要条件，公平合理的收入分配有利于形成稳定的社会环境，从而调动各方面的生产积极性，促进效率的提高。从对立性方面看，两者存在着此长彼消、此消彼长的一面。收入差距较小，固然公平了，但对经济社会中的主体刺激作用不大，不利于效率的提高。收入差距过大，固然能刺激效率的提高，但又会出现社会的不稳定与不和谐，反过来又会影响效率。

坚持效率优先，兼顾公平，要处理好三个关系：（1）既要提倡奉献精神，又要落实分配政策的关系；（2）既要反对平均主义，又要防止两极分化的关系；（3）初次分配注重效率，再分配注重公平的关系。处理效率优先，兼顾公平要把握好"度"，效率优先的度是不能发生两极分化，兼顾公平的度是不能阻碍生产力的发展。从现实的情况看，效率优先主要应从微观分配过程中体现出来；兼顾公平主要应依靠国家的宏观调控来实现。

第四节　胡锦涛的共同富裕思想

　　胡锦涛的共同富裕思想，其主要内涵立足于坚持以人为本，全面、协调、可持续的发展。科学发展观不仅仅是对马克思主义共同富裕思想理论的新发展，也是我们当代中国共同富裕事业新的指导思想。

一、以人为本

　　科学发展观的第一个要义是以人为本。以人为本，就是以最广大人民群众的根本利益为本。以人为本，体现了马克思主义历史唯物论的基本原理，体现了我们党全心全意为人民服务的根本宗旨和我们推动经济社会发展的根本要求。我们党的一切奋斗和工作都是为了造福人民。坚持以人为本，就是要始终把实现好、维护好、发展好最广大人民群众的根本利益作为党和国家一切工作的出发点和落脚点，尊重人民主体地位，发挥人民首创精神，保障人民各项权益，走共同富裕道路，促进人的全面发展，做到发展为了人民，发展依靠人民，发展成果由人民共享。共同富裕和科学发展观的本质和核心是以人为本。科学发展观的内容包含：坚持发展为了人民、发展依靠人民、发展成果由人民共享。坚持发展为了人民，就要顺应各族人民过上更好生活的新期待，着力解决人民群众最关心、最直接、最现实的利益问题，把发展的目的真正落实到满足人民需要、提高人民生活水平上。我们要在经济发展的过程中，经济建设的各个方面，全面地坚决地维护人民群众的切身利益和合法权益，保障人民群众的生活水平有所提高。

我们建设社会主义市场经济的任务，就是为社会主义大家庭中的全体成员谋福利，为提高人民生活水平而孜孜不倦，努力拼搏。在经济建设的同时，我们也应当大力加强法制建设。让社会主义市场经济能够在一个法制健全的环境中健康发展。在创造物质财富的同时，我们也要把精神文明建设搞上去。邓小平讲到，两个文明一起抓，两手都要硬。精神文明作为物质文明发展的有效补充，能够对经济发展起到一定的补充作用。坚持发展依靠人民，就要尊重人民的主体地位，发挥人民的主体作用，密切联系群众，始终相信群众，紧密团结群众，广开言路，倾听百姓的声音，遇到问题要首先站在群众的角度，改进发展措施多征求人民的意见，推动改革进程聆听百姓的呼声，使我们的事业获得最广泛最可靠的群众基础和最深厚的力量源泉。

我们强调发展成果要和人民群众共同享有，实际上就是为了要把经济建设、法制建设、文化建设等方面的成果反哺给人民群众，因为人民群众才是一系列建设的最终受益人。要做到这一点，我们就必须时刻不断地为人民群众的利益着想，时刻要把提高人民生活水平作为重中之重，同时还要不断提高人民的思想道德修养，使两个文明都能得到同步发展，实现物质文明和精神文明的双丰收，并且还要不断保障人民经济、政治、文化、社会等一系列权益。而且随着经济社会的发展不断有所增加，要更加注重发展成果的普惠性，正确处理效率与公平的关系，统筹兼顾全体社会成员的利益，促进创造财富和公平分配的协调，以达到共同富裕。要清醒看到，经过改革开放30年的发展，我国人民群众的生活总体上达到小康水平，但不同地区和部门、不同群体和个人在享受经济社会发展成果的多少方面是不同的。因此，在发展中要让人民享受到经济、政治、文化方面的益处的同时，更要统筹兼顾，在全面发展的同时，注重分配不均现象，加大力度从多方位入手，减少分配不均现象，促进共同富裕。

二、全面协调可持续发展

全面协调可持续是科学发展观的基本要求。胡锦涛在中共十七大报告中指出：科学发展观，基本要求是全面协调可持续。深入贯彻落实科学发展观，必须坚持全面协调可持续发展。要按照中国特色社会主义事业总体布局，全面推进经济建设、政治建设、文化建设、社会建设，促进现代化建设各个环节、各个方面相协调，促进生产关系与生产力、上层建筑和经济基础相协调。坚持生产发展、生活富裕、生态良好的文明社会发展道路，建设资源节约型、环境友好型社会，实现速度和结构质量效益相统一、经济发展与人口资源环境相协调，使人民在良好生态环境中生产生活，实现经济社会永续发展。而共同富裕的必然要求也是全面发展，实现途径是协调发展，增长方式为可持续。发展是经济与社会的全面发展。邓小平曾明确指出："我们要在大幅度提高社会生产力的同时，改革和完善社会主义的经济制度和政治制度，发展高度的社会主义民主和完备的社会主义法制。我们要在建设高度物质文明的同时，提高全民族的科学文化水平，发展高尚的丰富多彩的文化生活，建设高度的社会主义精神文明。"为此，他强调"两手抓，两手都要硬"，"两个文明"都建设好了，才是中国特色社会主义。因此，共同富裕是全面富裕，不单单是物质上的。但"共同"又不是"同步"，更不是"平均主义"。共同富裕是一个理想的最终目标，这个最终目标的实现需要有一个长时期的历史过程，其具体途径是"先富带后富"和区域协调发展。

深入研究邓小平的共同富裕思想，可以清楚地看出，协调发展是其重要的题中之意，科学发展观突出强调协调，则是对这一重要思想的进一步丰富和强化。共同富裕所要求的发展，在内容上是全面的，在步调上是协调的，在进程上又应是可持续的。深入研究邓小平关于共同富裕的论述，完全可以领悟到其中的可持续发展思想。新一届党中央提出的科学发展观，指导我们更快更好地走社会主义共同富裕之路，进一步突出和强化了可持续发展思想，强调要以新的增长方式保证社会主义现代化建设事业长盛不衰。十六届三中全会提出科学发展观，把可持续发展作为重要组成部分突出予以强调，既是重申，又有升华，是对共同富裕的进一步阐述。科学发展观所强调的可持续发展进一步明确指出，经济社会的发展必须遵循大自然的运行规律，力求人与自然和谐。通过发展科技，运用科学技术，合理开发利用资源，协调东西部的资源分配不均衡。既不能只顾向大自然索取，又要注重对自然环境的保护，坚持"在保护中开发，在开发中保护"，大力发展合理利用资源的循环经济，建设资源节约型和生态保护型社会。为此，要坚持计划生育的基本国策，大力提高人民的科学文化素质，同时根本转变以浪费资源、破坏环境为代价的粗放型增长方式，选择高科技、高效益的集约型增长方式，开创生态效益发展之路。

科学发展观是时代的精华，是马克思主义共同富裕思想的深化，是我们社会主义经济建设的指导思想，是改革进取的旗帜。没有科学发展观的指导，我们就不能取得共同富裕的阶段性的胜利，更不可能最终实现共同富裕。

第五章　我国实现共同富裕所面临的问题

第一节　城乡收入差距明显

目前，我国城乡居民收入差距拉大的现象可以从多个方面反映出来。

首先，我国城乡居民的人均收入差距正在加大，而且有愈演愈烈之势。随着改革开放进程的不断加深，城乡居民人均收入比值也从过去改革初期的2：1逐渐变成如今的3.2：1，而这仅仅是只计算了可支配收入的情况。众所周知，城市的生活条件要远远高于乡镇，而且城市中的公共交通、医疗卫生、教育文化水平都比乡镇要好很多，如果再把这些因素加进来，和农村居民每年用在生产资料上的固定支出，那么城乡居民人均收入差距将会达到5：1甚至是6：1的程度。这组数据已经清楚地告诉我们，如果我们不对城乡居民人均收入差距增大采取一些措施的话，那么很可能会造成更严重的问题。

其次，不光是城乡居民人均收入水平差异大，整个社会财富对于城市和农村的分配也存在着不公平的问题。农村本应该是国家财政支出重点帮助的对象，农村的基础设施建设较差，各种生产条件远远落后于城市，因此更加需要地方政府的各种财政补助用于改善生产条件，吸引投资，缩小城乡差距。然而目前我国城乡财政投入的比例显然是失衡的，城乡居民的贫富差距也越来越大。

再次，城乡居民由于收入水平存在差异，消费水平也必然存在着很大程度的差距。因为消费能力是受收入水平所制约的。

最后，从恩格尔系数的变化上来看，我国城乡居民收入水平差距正在不断地拉大。改革开放初期到上世纪90年代，我国城乡居民的恩格尔系数相差无几，说明当时城乡居民收入分配水平比较接近。然而到了90年代中后期，城乡居民的恩格尔系数就开始出现较大差距了，1978年城乡之间恩格尔系数的差值不高于4.5个百分点，2002年扩大到8.5个百分点。

第二节　我国地区间收入差距明显

改革开放以来，我国经济始终保持着高速增长，人们的收入水平也在不断提高。在收入分配差距激励效率的观念和体制被逐渐认同的过程中，收入分配差距扩大也开始成为一个不可回避的现实问题。根据世界银行报告（2005），我国的基尼系数在改革开放前为0.16，2004年已经至0.465，超过了国际公认的警戒线0.4，2005年逼近0.47。在全国居民收入差距不断扩大的背景下，地区收入分配差距尤其令人关注。

一、东、中、西部地区居民收入差距变动轨迹

从1978年到2001年，东、中、西部地区居民人均收入绝对差距和相对差距都不断扩大。1978年，东、中、西部地区人均收入分别为214.3元、184.6元、165.7元。随着改革开放的不断推进，经济体制改革释放出了巨大的能量，东部地区所具备的发展优势也日益显露。到1990年，东部地区人均收

入水平达到了1156元，中部地区也达到了797元，分别为西部地区的1.63倍、1.13倍，标准差增加到84.33，变异系数也提高到0.174。进入20世纪90年代以后，地区收入差距进一步拉大，尽管中西部地区居民人均收入的绝对额也出现了较快的增长，但与东部地区相比，相对差距仍在不断扩大。到2000年，东部地区人均收入已达到5277元，中部地区仅为3107元，西部地区也仅为2707元，标准差从1978年的23.52元提高到2000年的1129元，变异系数由1978年的0.13上升到2001年的0.306。从直接的倍率比较看，东部地区居民人均收入提高最快，1978年是西部的1.37倍，是中部的1.16倍，2001年增加到是西部的1.95倍，是中部的1.71倍。中西部之间的相对差距比较稳定。

中国社会科学院经济研究所根据泰尔指数所进行的居民收入差距分解结果，1988年全国居民收入差距的40%左右来自于城乡间的收入差距。到1995年，虽然城乡之间收入差距占全国收入差距的比重有所下降，但仍然占到全国收入差距的1/3左右，同期城乡之间收入差距的增量大约占全国收入差距增量的16.5%。到2002年，城乡收入差距大概可以解释全国收入差距的40%，又基本回复到了上世纪80年代末的水平，说明我国的城乡收入差距并未出现根本性逆转，仍然处于高水平循环状态。

二、省际城乡居民收入状况比较

从城镇居民人均可支配收入来看，呈现了与农村居民人均纯收入类似的趋势。1985年，城镇居民人均可支配收入最高的省份为上海市，达1075元，最低的为山西的560元，比率为1.92，绝对差额为515元；到2006年，城镇居民人均可支配收入最高的上海市为20668元，最低的省份为西藏的8941元，二者比率为2.31，绝对差额继续呈快速上升的趋势，达11727元。

再从变异系数来看，改革开放以来，我国地区间城镇居民人均可支配收入变异系数呈现了明显的增长趋势。从1978年到1999年，变异系数呈上升的趋势，由1978年的18.27增加至1990年的19.28、1995年的28.36及2000年的28.53。随后几年内，变异系数出现了不规则波动，2002年我国城市居民人均可支配收入的变异系数比2000年略有下降，为26.67，但随后又恢复了增长态势，2005年，变异系数达到了新的高度，为29.03。

从农村居民人均纯收入来看，1985年，最高的地区为上海市的806元，最低的为甘肃的255元，二者绝对差额仅为551元，最高地区与最低地区的比率为3.16；1995年，农村居民人均纯收入最高的上海市为4246元，为最低的甘肃的4.83倍，绝对差额扩大到3366元；到2005年，最高的上海市农民人均纯收入为9213元，比最低的贵州省高出了7295元，尽管农村居民人均纯收入最低的地区的基数在不断增大，但最高地区与最低地区的比率仍在不断增加，进入20世纪90年代末期以后有所下降，2005年仍达到了4.80。

通过考察1978年以来我国农村居民人均纯收入的变异系数，我们发现这一指标的变化程度远比城镇居民人均可支配收入变异系数剧烈，这在一定程度上反映出，改革开放以来，我国农村居民收入分配的差异化程度要远大于同期的城镇居民。1980年这一指标值仅为28.39，进入20世纪90年代中期以后，增加至45.78，随后几年稍有下降，从2002年开始又重新回升，并在2005年达到了48.56的新高度。

第三节　收入分配不均对实现共同富裕产生的不良影响

从马克思主义经典著作中我们可以看到，生产决定分配，分配又会反作用于生产。这里，分配的反作用，主要是通过收入差距表现出来。在社会主义市场经济条件下，在以按劳分配为主体的分配方式下，收入差距的形成存在着许多原因，有政策上的，有资源上的。不管原因如何，我们始终认为，一定的合理的收入差距是对生产有积极的促进作用的。因为在一个发展完善、运行良好的社会主义市场经济的大环境中，必然会存在着许许多多各式各样的产品，而这些产品的价格也必然由于其价值的不同而不同。如果我们一味地去追求分配上的公平，忽视这种合理的收入差距的话，那么就会出现市场上一些商品被抢购一空，而其他同种商品备受冷落的局面。这是因为，在同样的收入水平下，人们的消费观念、消费习惯会随着周围的消费环境而改变，如果周围的社会成员也具备同样的消费能力，那么他们对于某种商品的需求则是相同的，对于某种其他商品的忽视也是相同的。而市场存在着滞后性，是不可能及时根据消费者的消费习惯和偏好提供某种特定商品的。这样一些商品就会销售一空，一些商品就会出现库存积压的局面。这是不利于整个市场经济发展的。

我们认为只有保持消费结构的多样性，让消费群体对于市场上的每一种商品需求都是积极的，这样才可以让市场上所有的商品都可以找到合适的买家，从而促进商品和货币的流通。但是，如果贫富差距太大，也是不利于消费带动经济的发展。这其中包含着一定的经济学原理。凯恩斯在他的著作《就业、利息和货币通论》中，提到了一个概念，那就是消费倾向。所谓消费倾向，顾名思义，就是指消费者收入中用来消费的那部分比例，也就是消费占收入的百分比。在通常的情况下，如果收入水平较高的话，那么消费占收入的比重是较低的，也就是消费倾向比较低。而如果收入水平较低的话，则会较高。这意味着，如果社会上的大部分可支配收入被少数富人占据着，他们把持着大量的社会财富，那么对于他们而言，他们的消费能力对于他们的收入水平而言是比较低的，也就是说他们不会把收入的大部分用来消费。同样情况下，作为穷人而言，他们需要大量的商品来提高自身的生活水平甚至是需要更多的钱来满足自身的温饱。然而过于悬殊的贫富差距和不均的收入分配体系使他们没有更多的钱来实现这一点。

因此，当一个社会的收入分配结构出现贫富差距悬殊的弊端的时候，对于整个社会而言，其通过消费带动经济发展的能力必然会大打折扣。所以，要想通过消费来刺激经济发展，最为合理的办法就是通过调整收入分配结构，让社会的全部财富公平效率地分配给社会上的全体成员，尤其是中间阶层的社会群体。借鉴别国经济发展的经验，我们可以看出，凡是经济发达的国家，其收入分配的中间阶层往往是全社会成员的大多数。因此目前我们亟需改变我国当前收入分配的不良局面，努力扩大中间阶层成员群体，这样整个社会的消费能力才能得到真正的提高。

目前，我国经济发展出现了一定的不利局面，首先是由于全球经济整体低迷的原因，使得我国出口商品的外部环境日益恶化。而我国又是制造业大国，"中国制造"已经是中国在全世界响当当的名号。但是由于国外经济环境恶劣，导致我国商品出口创汇能力逐年下降，南方一些制造业的中小企业几乎面临着倒闭和破产的局面。除此之外，由于我国经济的发展，工人基本工资水平的提高，劳动力资源的成本增加，国外一些跨国企业已经纷纷从国内撤资，去劳动力更为廉价的越南等国家投资建厂。在出口和投资都出现下滑的情况下，我们对于消费的依赖就变得越来越重。因此在十六大报告中，中央提出了提高中等收入者比重的决策，也显示了中央通过提高消费能力刺激经济发展的决心。

第五节 收入分配不公对社会发展的影响

社会是由社会成员构成的，社会成员的收入差距，使社会成员之间形成了若干层次。一个良好的健康的收入分配系统，会让低层次的社会成员容易且能够向高层次跨越，而一个不健全的分配体系则会阻碍和减缓社会成员在不同层次之间的跨越。我国目前中等收入阶层的人口数量还不够庞大，其中一个原因就在于许多因素制约着这一群体人口数量的增加。而收入分配如果不能体现出公平的色彩，那么它对社会的不良影响将是很严重的。

首先，收入分配不公会使社会成员人心涣散，减弱集体荣誉感和集体意识。这是因为，社会的安定和谐，社会的繁荣发展，从根本上要依靠社会成员。社会成员在社会中有很高的归属感，很强的社会责任感，很高的生活满足感，那么社会成员对社会贡献的力量就越大，发挥的个人价值就越大，社会就越和谐，人民生活越安定。而如果收入分配产生不公的情况，上述这些归属感、责任感、满足感等方面都会被极大地影响，甚至让社会成员产生怀疑社会、质疑公平，损人利己、以公谋私等不良思想和行为，甚至会让社会产生崩溃的危险。根据美国一些学者的研究成果表明，一个收入差距过大的社会比收入差距小的社会显得更少亲善，更低的信任感和敌意。当前，我国收入分配差距已经很大，并且有逐渐上升的态势。如果我们不严加重视，对此置之不理，那么社会的安定团结和社会成员的互助友爱、关心帮助，等等都将随着不断扩大的收入差距而消失殆尽，这会对我们实现共同富裕、建设和谐社会带来非常严重的打击。

其次，收入差距过大，会让社会成员彼此之间产生各种矛盾，人与人之间的关系将会更容易被金钱和物质所影响，社会成员之间身份和地位差距逐渐拉大，社会更加趋向于不稳定的状态。从社会学的角度来说，如果一个社会的贫富差距非常凸显，那么社会成员中的穷人和富人的矛盾就将会被激化，穷人看待富人的财富抱有着一定程度的怀疑、嫉妒和不平的心态，富人看待穷人也充满着鄙夷、不屑，甚至厌恶的态度。这些不良的情绪将会让整个社会充斥着穷人和富人的对立。我国当前的贫富差距已经逐渐地扩大了，整个社会对要求公平分配社会财富的呼声相当高。如果我们漠视群众的这种呼声和要求，那么社会将更加趋向于不稳定和矛盾被激化的状态。当前，一些收入水平较低的社会成员由于体制转型和产业结构调整以及其他一些原因，收入没有富人多，他们很自然地把原因归因于政府的一些政策，并对富人的财富抱有一定的敌意。尤其是随着我国城市化进程的不断加快，农村人口大量地涌入城市，城镇居民和农村居民收入差距更加凸显了。因此我们必须重视这一问题，不然我们建设和谐社会的良好局面就将受到极大的打击。

最后，收入分配不公不仅会让人与人之间的关系变得冷漠，也会对自然环境产生不利影响，这是因为，第一，由于贫富差距逐渐拉大，处于非公有制经济的生产方式下的雇用工人和雇用者之间，由于身份的悬殊，会让被雇用者产生一些抵触情绪，尤其是在一些体力劳动强度比较大的私营经济生产条件下，这种抵触情绪将会更加激烈。其次，由于贫富差距悬殊，许多人为了得到更好的收入机会，不惜以身试法，铤而走险，以牺牲他人利益为代价大揽寻租"生意"。这不仅会让社会主义法制建设受到冲击，也会更加激化权力阶层和普通百姓之间的矛盾，让老百姓更加迷信金钱万能，对金钱的崇拜也会反过来加大贫富差距，造成一种仇富—不法寻富—贫富差距拉大—更加仇富的恶性循环。最后，由于收入分配存在着不公的现象，使得人们对于资源型收入的需求比从前加大了。由于企业家只为了获取更多的利益，对国家矿产资源的开采已经超出了我们能够承受的界限，过量的开采资源不仅仅会让子孙后代面临着资源枯竭的窘境，也会增加自然灾害发生的可能性，对现在和将来都是极为不利的。而正是不断增加的贫富差距让企业家只顾着眼前的利益而忽视了可持续发展。一旦自然环境被破坏，那么治理环境的成本将会骤然上升，甚至高于非法开采所能够获得的暴利，可以说是一种得不偿失的做法。对于这一现象，我们要提高警惕，不让这种现象持续发展下去。

第六章　实现共同富裕的对策分析

从目前来看，我们距离共同富裕，还有一段相当长的道路要走。我们的改革刚刚进入深水区，对于这一时期的中国，任何改革都有可能触动少数既得利益者的奶酪，让改革的步伐停滞。但是如果我们对于目前我国经济发展过程中，实现共同富裕的战略进程中，对于这样或者那样的阻挠畏首畏尾，因噎废食，那么我们终将永远无法实现共同富裕。共同富裕也将永远是不可企及的一个理想。因此，我们全党全国各族人民，一定要坚定实现共同富裕的信念，要勇于改革，大胆尝试，锐意进取。目前来看，要想真正实现共同富裕，我们还需要做许多的工作。具体来说，必须要大力解决人民群众的收入问题，完善市场的分配秩序，提供强有力的社会保障体系等等。

第一节　调节收入分配不均

一、改善城乡收入差距

目前，解决我国城乡居民收入差距的问题已经刻不容缓。这关系到全体社会成员的幸福感以及对社会主义建设的信心和勇气。我们关于城乡收入差距的问题虽然近年来已经采取了一些针对性的措施来缓解，但是收效甚微。这其中存在着一定的结构性的矛盾。一方面，地方政府为了推动经济发展，势必要将城市作为经济发展的领军力量，重点加大对大城市的扶持，而乡镇人口也越来越多地涌入到城市中去务工。这样乡镇经济由于缺乏劳动力和充足的消费人群，经济增长非常缓慢。另一方面，乡镇经济要想发展，也需要劳动力，而在农村基础设施和投资环境比较差的情况下，农村居民宁可去城市里务工也不愿意在乡村的工厂里上班。由于这种对于劳动力的需求矛盾存在，使得长久以来我们对城乡收入差距的调整措施迟迟没有收到比较大的效果。因此，我们应该从其他的方面入手。

首先，政府应该大力转变政府职能。我们目前已经是社会主义市场经济，经济发展中的若干问题已经需要用市场经济的办法来解决。但是由于我国政府长期以来在过去计划经济的影响下，存在着与当前市场经济不匹配的若干经济发展政策和计划经济的思想，这种与我国当前经济发展现状不协调的局面务必要早日改善，让政府职能完全地、积极地、有效地为市场经济服务。

其次，对于社会成员的合理合法收入我们要加大保护力度，同时，对于不法分子利用市场经济缺陷，牟取私利的现象要加大打击和惩处力度。保护合法收入可以让市场经济的劳动者的劳动积极性得到保证和提高，也会对其他社会成员形成良好的示范和带头作用。古语有云，不患寡而患不均。如果有人在市场经济中利用各种资源、条件获得大量非法收入却没有得到法律的约束和制裁，那么在社会成员心中造成的影响将是极大的，会动摇我们社会主义市场经济法制建设的根基，会让百姓对于社会公平失去信心。

最后，要大力发展乡镇企业。解铃还须系铃人，乡镇地区经济发展落后的局面也应该在乡镇自身发展上寻找解决的根本办法。只有乡镇经济得到充分的发展，才能逐渐缩小城乡之间的差距，加快乡镇的城市化进程，从而加速共同富裕的伟人战略部署。

二、缩小行业收入分配差距

1. 充分发挥市场机制的调节作用

在正常的市场经济体制下，缩小行业之间的收入差距，最终要靠充分发挥市场机制的作用来完成，而充分发挥市场机制的调节作用则要以完善的市场为前提。首先，要培育并健全劳动力市场和资本市场。要加快培育劳动力市场，发挥市场机制在劳动力资源配置中的基础性作用。其次，要加强市场竞争，削弱行业垄断。可以有计划地降低一些行业的准入门槛，引入竞争机制，缩小垄断性行业的范围，打破或削弱行业垄断；通过竞争降低产品和服务的价格，以消除高额垄断利润，从而降低全社会的生产成本和服务成本，提高资源的利用效率。垄断行业引入市场竞争机制需要循序渐进，比如，从区域性市场过渡到全国性市场，从部分业务展开竞争到全面业务放开竞争，应针对不同的垄断产业及其不同环节设计合理的竞争路径。

2. 充分发挥政府的宏观调控作用

如前所述，我国的行业收入差距有很大一部分是由于行政垄断和不正之风造成的，对于这类行业收入差距扩大的现象，单靠市场机制本身是无法进行自发调节的，必须通过体制和政策的调整甚至政治体制改革才能实现。政府作为公共权力机构，可以利用多种手段来缩小行业之间的收入差距。

首先，转变政府职能，真正实现政企分开。我国的行业垄断主要表现为行政垄断，所以，打破行政垄断已经成为我国当前反垄断的关键。因此，要进一步转变政府职能，推进政企分离，切断某些行业、企业与政府部门之间的特殊联系，从体制上彻底消除行政性垄断的基础。其次，改革收入分配管理办法，加强对垄断行业工资的管理。国家应加大对垄断性企业工资外收入的管理力度，规范企业支付给职工的福利标准，清理和取缔垄断性企业的"小金库"。最后，改革价格管理体制，反对垄断价格。要加强对垄断性行业价格的监督和控制，建立针对垄断性企业商品和服务的监控系统，对其定价的全过程进行监督和控制，以堵塞漏洞，防止暴利的产生。

3. 充分发挥个人所得税制度的调节作用

个人所得税制度是调节收入差距、实现社会保障的重要杠杆，为了进一步调节收入差距、实现社会保障，必须从以下几方面修订个人所得税制度，真正发挥其"劫富济贫"的作用。

首先，建立个人所得税全员全额管理计税。要积极推进个人所得税全员全额管理，着重抓好两项工作：一是尽快建立起完整、准确的纳税人档案体系，实施动态管理；二是进一步推进代扣代缴明细申报工作，逐步扩大代扣代缴明细申报的覆盖范围。

其次，考虑纳税人家庭的实际情况，根据职工工资收入水平，在统一费用扣除标准下，制订不同幅度的减除费用标准。目前我国个税的纳税人有居民纳税人和非居民纳税人。1994年，为了更好地吸引外资，在个人所得税制度的制订方面只考虑外国人在我国工作的收入情况，增加外籍人员工资薪金费用扣除标准，而对本国纳税人无论其供养人口的多寡、无论其年龄老幼，也无论其每月就医次数、单双亲家庭，工资收入项目的费用扣除，都是统一标准。这样，通过个税的征收使一部分纳税人更加贫困。因此，参照发达国家个人所得税制度，我国应根据不同情况，在统一的费用扣除标准下修订不同的减除费用标准，使个人所得税真正发挥其"劫富济贫"的调节作用。

最后，加大奖罚力度。个税税法中应有鼓励褒奖纳税人自觉纳税的条款。依法纳税虽说是公民责无旁贷的应尽义务，但就其实质而言，应属于纳税人为国家、为社会无偿奉献的行为，所以，个税税法中应有鼓励褒奖纳税人自觉纳税的条款。同时，也要加大对违法犯纪人员的惩处力度，对于那些利用职务之便偷税漏税，损害国家财政收入的相关人员要依法严格惩处，尤其是一些具有腐败意识的党员干部，更是要严格监督，切实维护国家税收安全。

三、协调地区收入差距的主要对策

为了维护社会的和谐稳定，保持经济持续发展与繁荣，我们应尽可能采取措施，使地区收入差距达到一个合理的范围，不会危及我国社会经济的持续稳定发展。

1. 国家应制定促进中西部地区发展的区域倾斜政策

完善税收优惠政策，调整税收增量返还系数；完善资源税，实施增值税改革；进一步优化中央财政对落后地区转移支付范围和结构等。具体就是对投入中西部落后地区的资本给予税收优惠，特别是对有利于其发展的产业，促进生产要素向西部流动，奠定地区收入增长的深厚基础。对西部地区普遍实行低税率，可考虑低于全国其他地区，对西部金融机构实行优惠的流转税政策以吸引更多外资，鼓励金融机构设立西部分支机构；对科技人员的工薪所得适当提高其免征额，对技术成果转让、技术服务所得可以适当降低税率。尽快完善市场体系，并制定相应的法律制度，以缩小收入差距。只有完善市场规则才能够确保公平竞争，同时也要减少政府对市场的不恰当干预。

2. 加强基础设施建设，增加农村公共物品投入

良好的公共基础设施不仅是一个国家和地区经济发展的必要前提，也是各地区扩大招商引资吸引企业入区的重要基础。尤其是在当今知识经济的时代，良好的交通通信设施、

完善的网络服务、优良的环境质量、多样化的文化休闲机会以及低犯罪率等，对企业的区位决策发挥着越来越重要的影响。

3. 加大中西部人力资本投资

人力资本对各种收入差距以及差距的变化起决定性的作用。因此，为了缩小我国地区收入差距，加大落后地区的人力资本投资力度就显得十分重要。一方面加强基础教育建设，实施真正意义上的免费义务教育；另一方面加强人力资本培训和教育，以提高中西部劳动力的文化素质和劳动技能，使其有能力参与劳动力市场的公平竞争，提高收入水平。

第二节　完善社会保障体系

一、坚持落实"两个确保"原则，关注下岗职工生活

所谓"两个确保"，是指确保国有企业下岗职工基本生

活，确保企业离退休人员养老金按时足额发放。下岗职工和离退休人员是收入分配体系中的弱势群体，当自身收入权益受到侵害时，往往无力申诉，特别是下岗职工的收入更是关系着一个家庭生计的维系。因此我国政府在对这两个确保方面做了大量的工作。首先要求各地区要建立下岗职工再就业中心，对一些由于产业结构调整而下岗的专业技术工人提供再就业的相关信息，并且要对下岗职工的生活费和养老保险等方面负责。目前全国大多数地区都基本上满足了国家的这一要求。其次，在养老金按时发放方面，主要通过提高基金收缴百分比，建立地区调剂金制度，以及加大财政支持等政策，效果也比较明显。

1. 深化医疗保险体制改革

医疗保险体制改革是我们解决民生问题的又一主要方面，医疗保险，不光是在中国，在世界范围内也是考验各国执政党的执政能力的一个重要指标。过去我们存在着公费医疗覆盖范围窄，保障能力弱和浪费的问题，在推行了新的医疗保险制度之后，使得城镇全民职工医疗保险成为可能，基本医疗保险费用由城镇用人单位和职工共同来缴纳。这一举措有望解决城镇全部劳动人口的医疗保险，并且通过建立基本医疗保险统筹基金和个人医疗保险账户等措施，加快医药卫生体制的改革。

2. 完善其他社会保障问题

关于失业保险和养老保险的问题，1999年党中央作出了明确规定，指出了城镇各类企事业单位及其职工都要参加失业保险，失业保险缴纳的费用由职工本人、用人单位以及国家共同来承担；离退休人员的养老金也要根据各地区物价水平作出相应提高，严禁拖欠离退休人员养老金，保障其按时足额发放，不得以任何原因扣压、挪用。经过党和政府十余年的不懈努力，目前，我国的基本失业保险和养老保险制度已经逐渐确立和完善起来，各级地方政府也认真贯彻和落实国家的相关政策。总体来说，成绩是令人满意的。

社会保障制度是一个社会健康有序发展的节拍器，它是体现社会发展程度的晴雨表。社会保障制度不仅仅体现了政府的相关职能作用，它也是市场经济发展的内在要求。我们建立社会保障制度，就是要通过法律法规和相关政策，确保在一个经济社会中，所有的社会成员都能够在社会中得到关爱，得到政府的扶持和帮助，让每一个秉公守法的劳动者可以获得有保障的收入，让所有离退休人员在离开工作岗位之后仍然能够得到政府的关怀，使他们的基本生活得到保障。社会保障制度作为社会政策的核心，是市场经济发展所必需的动力所在。完善养老保险和医疗保险，劳动者的生产积极性才能够得到提高，才能够在一个有保障的工作环境下贡献自己的力量。完善失业保险制度可以缩小贫富差距，可以让失业人员短时间内得到政府的帮助，减弱社会矛盾，消除贫富差距带来的分歧，让全体社会成员之间更为和谐，整个社会的生产更加安定有序。

第三节　调整收入分配秩序

一、严格控制垄断行业收入

垄断行业工资水平一直是国内业界讨论的热点问题。垄断行业作为不完全竞争的市场参与者，利用其独有的资源优势，攫取了大量的社会财富，而这些财富在现有的分配方式下，按照现行的分配标准仍然是可以接受的，并没有触犯相关的法律政策。但是这种高收入是不利于社会公平的，而且垄断行业自身不参与市场竞争，或者竞争对手很少，或者干脆形成寡头垄断的结构，是违背了市场经济的基本原则的，其垄断收入也有着一定程度的不公平性质。因此垄断行业的收入水平是应该得到控制的。但是控制的方案要经过严格的筛选和推敲，因为即使是垄断行业，工资也是具有刚性的，垄断行业的职工对于工资也是有应激性的。改革的同时要考虑在不损害工人劳动积极性的条件下进行，主要方向是调节垄断行业的收入水平，将其垄断收入更多地吸纳到政府转移支付的财政支出方面。让垄断收益更多地为社会群体服务。

二、规范公务员工资制度

公务员作为国家机构的公职人员，由于其身份的特殊，其工资收入也一直是国民关注的焦点。作为国家公职人员，其收入是由政府发放的，因此收入的多少也时刻会受到人民群众的监督。当前，我国公务员工资制度存在着一些问题。比较突出的是，一些基层公务员的收入水平非常低，工作强度又很高，而一些同级别的公务员工作强度比较低，收入却不低，这种工资水平和劳动强度倒挂的现象在许多地方都存在。其次，公务员的收入可以分为两个部分，一部分是纯粹的货币收入，由国家统一发放。另一部分是其他收入，包括政府部门的各种福利，以及权力部门的寻租收入，等等。其他收入是很难作出一个量化统计的，因为除了过节分发的各种福利之外，寻租收益更是无法作出细致的计量。因此如果要规范公务员的工资制度，就要让公务员收入更加阳光，更加透明。对于一些吃空饷不作为的公务员岗位，政府要有决心降低收入或者干脆取缔这些冗杂的工作岗位。要让公务员劳动强度也和工资水平挂钩。这样公务员的工作效率也会提高，老百姓对他们的服务也会满意，整个社会职能部门的效率也会相应提高，使公务员和人民群众的关系更加紧密团结，和谐友爱。

三、严格打击灰色收入

当前我国还处在社会主义市场经济的繁荣发展阶段，我国也正在面临着社会转型期的到来，随之而来的还包括在市场经济法制建设配套不健全，法制不完善的同时，出现的各种扰乱正常的市场经济秩序，以及各类违法乱纪的经济行为。我们必须要加大惩处力度，对于那些敢于钻法律的空子谋取不法收入的行为要严厉打击。对于利用手中职务之便为这些不法行为提供帮助的公职人员也要加强监督，如有发现，严惩不贷。在一个安定有序的市场经济中，遵守正常的市场经济秩序是市场经济发展的必需，我们应该自觉地遵守这种规范，加快市场经济法制建设进程，用严格的法律法规为市场经济的良好运转保驾护航。

四、加大税收调节力度，提高政府转移支付能力

政府的转移支付是政府财政支出的一个重要方面，它是我国社会保障制度运转的物质基础。税收作为国家财政收入的最主要来源，一方面承担着为国家提供财政收入的责任，另一方面也承担着为国家提供转移支付能力的义务。因此税收收入是我们完善收入分配所不能忽视的一个重要问题。当前，我们要坚持减税、宽税和低税的原则，优化税制结构，

更好地发挥税收的调节作用。在转型期应该重点减少低收入者的税收负担，扩大对高收入者的税收征缴，对中等收入者实行低税政策。对于不同的收入群体要采取不同的税收政策，这是应对我国收入差距现状理应采取的措施。税收制度完善了，政府的转移支付能力才能提高，社会保障体系才能良好运转。

第四节　深化工资制度改革

工资作为劳动者的基本劳动报酬，是决定劳动者收入的最主要因素。工资，是劳动者在一定时间内，通过交换自身的活劳动，在创造一定的价值水平下所能换得的货币收入。可以说，不同的劳动力水平，不同的劳动强度，甚至是同一种工作，在不同的劳动者的劳动水平下，所能换得的劳动报酬理应是不相等的。一个完善的、合理的工资分配方案是对我国目前社会主义市场经济分配体制改革方案的一个良好补充，是增加居民收入的一个切实有效的方法。短期内，合理的工资方案可以调整分配结构，弥补收入水平差异，缩小贫富差距，让居民可支配收入增长；长期内，合理的工资方案是实现共同富裕，建设社会主义和谐社会的重要举措。

目前，在社会主义市场经济的框架之内，国有企业、机关企事业单位以及民营企业的工资方案都需要进行改革，而且改革的需要变得更为迫切。因为工资作为劳动者最主要的收入来源，其分配的合理程度直接决定着劳动者的收入水平。因此坚持工资改革，就是坚持收入分配改革，就是坚持增加人民收入，就是坚持走建设和谐社会的正确方向。

首先，多年来，我国的企业工资制度经过诸多调整和实践，工资制度的基本框架早已确立，但是问题也还是客观存在的。比如，工资增长机制不完善，工资分配没有体现公平，工资缺乏激励制度，工资标准变更频繁，工资没有体现生产要素在价值创造过程中的贡献，等等。工资，是劳动者维持家庭日常生活所必需的收入，根据古典学派创始人威廉·配第等人关于工资决定理论的解释，工资主要决定于维持工人最低生活所必需的生活资料的价值。如果工资低于这个最低生活资料价值，则工人不会为资本家工作，也就无法继续创造价值。而如果工资高于这个最低生活资料价值，又会使资本所有者产生损失。因此资本家在支付工人工资时，仅仅愿意支付与最低生活资料价值相等的工资，而忽视了激励制度对于工资同样有效。

在市场经济中，企业要发展，就必须时刻以最小投入换得最大利润为目标，努力提高生产效率，实现产业升级，降低规模成本，实现规模报酬递增。劳动者的工资收入作为雇佣劳动的报酬，具有一定的伸缩性。因为劳动者不同于机器，劳动者对于付出的劳动的质量高低，存在着主观的评价，而雇佣劳动的企业家对于劳动者的工作表现也存在着主观的评价，这种评价直接关系着劳动者投入的劳动是否应该得到一定程度的补偿，从而影响劳动者的劳动积极性。

对于现代企业工资来讲，随着经济的发展和社会保障体系的逐步完善，工资的主要职能已经从过去的满足劳动者生活所必需的生活资料价值向劳动者的主观自身价值认定——即劳动者自身的工资水平代表着劳动者的社会地位，代表劳动者在企业的工作能力以及劳动者的其他精神文化需要的满足程度。单纯地以固定工资水平作为衡量劳动者劳动水平的方法已经不为当前的市场经济状况所容纳，而具有激励性质的弹性工资标准才符合企业发展的需要，尤其符合"人会对激励作出反应"这一经济学原理，才能使劳动者在生产过程中对激励作出正确的判断，为实现更大的工资效用，享受更高级的精神文化而付出更高质量的劳动，从而使整个企业的生产效率提高，创造更多的价值。而劳动者在生产过程中，自发追求更高级的工资水平，微观上增加了劳动者的工资收入，宏观上使社会总产值增加，使全社会有更多的剩余产品进行再次分配，无形中又弥补了收入差距，防止了两极分化。可以说，重视激励的企业工资方案改革，是从生产的角度满足个人收入增加，从而实现全社会总收入增加，并最终实现共同富裕的一条有效途径。

其次，对于国有企业来说，工资改革也是势在必行的。长期以来，我国的国有企业经常被冠以"低效率、高投入、高损耗"的帽子。这是因为，我国的国有企业是社会主义市场经济的重要组成部分，是国民经济的支柱。国有企业的发展，关乎着我国市场经济的整体走势，关乎着我国经济的发展脉络。因此国有企业在许多领域，面临着不完全竞争的状态，有些领域中，国有企业甚至是垄断竞争的。这一方面是由于我国生产力发展水平较低，对于一些资源类、公众类、金融类的生产和服务项目，必须在一定的时间内由政府扶持发展，以确保国民经济发展的独立自主以及安全。另一方面，由于国有企业经常占有大量的生产资源和消费者群体，对于企业自身的发展并没有危机感，从而使这些企业缺乏足够的危机意识，缺乏产品的自主研发和创新能力。因此国有企业在竞争中也确实存在着效率低、投入高、回报率低的现象。

对于任何一个企业来讲，收益都是其追求的永恒目标。而缺乏竞争力的企业，很难获得高的利润，对于企业工人来讲，没有高利润就没有高工资，因为羊毛出在羊身上。以至于我国国有企业经常出现人才流失，高水平的工作人员向经营更加独立自主的企业流动的现象。而国有企业通常为了留住人才，不惜花重金聘请高水平的业务人员，而这却增加了劳动者和国企管理者的收入差距，有的岗位之间的收入差距甚至可以达到6位数！很显然这种高薪留人的方法并不妥当，会加剧雇佣关系矛盾，从企业的长远发展来看，过高的收入水平差距也体现了企业没有将利润向生产领域转移，没有使生产扩大，这对于企业而言都是不利的。有时，国有企业的管理者是由政府直接任命的，这种指派的方式首先不符合市场竞争的原则，其次这种类似"钦差大臣"的职位薪资水平往往比较高，这也不利于缓和人民内部矛盾。

最后，推动机关企事业单位的工资制度改革。公务员是依法履行公职，纳入国家行政编制，由国家财政负担工资福利的工作人员。许许多多的公务员工作在一些非常辛苦、非常繁忙、工作和精神压力巨大的工作岗位上，其劳动强度存在着很大的不同。数据表明，到2011年底，我国公务员人数将达到702.1万人。有关资料显示，在全部公务员人数中，有62.1%的科员年收入在2.5万元以下，71%的科员年收入在2.5万至4万元之间。48.7%的副处级公务员年收入在4万到5万之间，正处级公务员年收入超过5万元的占56.2%。这说明公务员工资内部的公平性有待提高。对于一些劳动强度大，精神压力大，休息时间少的工作岗位，我们应该加大工资倾斜的力度，使这些辛苦为人民服务的公仆，能够得到物质上的补偿。而一些工作强度低，工作压力小，节假日多的公务员岗位，则必须根据工作强度来分配工资。也就是说，即使公务员的工资是由国家财政统一拨付的，不存在像类似于企业那样的绩效成分，但国家财政的来源主体是税收，包括企业和个人向国家缴纳的各种税款，而这些税款本身是具有效率成分的，因此在作为国家为公务员拨放的工资收入时，理应把效率的因素也包含在内，即公务员的工资也应该包括劳动强度、绩效等因素，不能同级别一概而论。如果我们在公务员工资分配的方案上，过于追求平均主义，那么一些公务员的辛勤劳动就无法得到应有的工资补偿，其劳动积极性必然要降低，效率也会大打折扣。尤其是对于公务员的工作而言，由于不需要像企业一样面临着经营性的收入，完全可以量力而行。如果没有正确的工资分配方案作激励，搞平均主义，那么人民群众的利益就会受到损害。

因此，机关企事业单位的工资制度改革势在必行，意义重大。

第一，将激励制度引入到公务员工资改革中，可以最大程度地发挥公务员队伍的主观能动性，减少国家财政支出，提高公务员整体的平均收入，使公务员群体的工作效率更高，工作安全更加得到保障，从而更好地为人民群众服务。

　　第二，机关事业单位的工资改革，能够将公务员的工资收入透明化、法制化，同时减轻人民群众对于公务员工作效率低、工资收入高的偏见，缓和社会矛盾。不可否认，当前由于我国机关事业单位的工资改革方案仍然没有得到完善的落实，很多公务员由于岗位原因，无法提高工作效率，有的甚至存在着工作作风问题，再加上公务员工作监管执行力度差，使得当前人民群众对于公务员的印象普遍不好，有的甚至出现了对公务员工作的戏谑和妖魔化的做法。特别是在如今网络信息发达，人民群众对于自身利益关注增加的时候，各种有关公务员形象的恶化和嘲弄在网络上此起彼伏。这对于我们建设和谐社会来讲是极为不利的。公务员代表着公家形象，是国家筛选出来为人民群众服务的工作人员。公务员的收入应该是光明的，由国家财政统一支付的。当公务员可以利用职位之便而获得灰色收入时，就是利用了公职而损害了人民的利益。这是和公务员的工作本质背道而驰的。我们提出改革公务员的工资分配，就是要杜绝这种隐形收入、灰色收入，让公务员的工资更加透明，让人民群众作为公务员收入的监督者。当然，收入对任何人而言都是隐私，公务员也不例外，因此在收入监督的问题上，我们仍然需要解放思想，敢于尝试，在不侵犯公务员隐私的情况下，让人民群众有效地监督公务员的合法收入，挽回由于公务员队伍中的极个别分子的倒行逆施给公务员队伍带来的负面影响，让公务员和人民群众联系更加紧密，这样才更加有助于我们发展经济，建设和谐社会的战略思想。

第三，公务员工资改革，能够降低国家财政支出，使国民收入再次分配更加完善。在公务员工资改革之后，国家每年用于支付公务员的工资支出将大大降低，而减少的这部分工资支出则可以转移到再分配环节，让社会保障体系有更多的资金进行转移支付，缩小贫富差距。